がんばらなくても楽しめる

丈夫で美しい
宿根草の庭づくり

植物監修 小黒晃

ナツメ社

contents

52 宿根草をどう生かす?
植物の組み合わせヒント集

72
憧れのオープンガーデン

88 小黒晃さんに教わる
宿根草の育て方

——教えてくれた人　小黒 晃さん

106
品種カタログ

宿根草とは……？

春の芽出しから伸長、開花、結実といったように毎年決まったサイクルで生長を繰り返す宿根草。何年も株が残り、放任しておいてもよいものが多く、年々大きく生長してボリュームを増していきます。耐寒耐暑性の程度は、地域によって宿根になったりならなかったりとさまざま。そのため宿根草というひとつの植物があるわけではなく、色々な性質を合わせ持つものが多いので、ひとくくりにはできないという一面もあります。宿根草であっても栽培上、一年草扱いしているものも多くあるのです。

花壇やコンテナでは、一年草や球根類などさまざまな性質のものと、宿根草を組み合わせることによってデザイン的にも植物の生育にも効果的だったり、病害虫の軽減にも役立つというメリットも。さらには宿根草を取り入れるとローメンテナンスですむ永続性のある植栽も可能になります。

この本では宿根草を取り入れた庭づくりのプランニングやアイデア、育て方などさまざまな角度から宿根草の魅力を紹介しています。自分の庭に適した宿根草を選んで、庭づくりの参考にしてみてください。

【植物監修】小黒晃

庭に宿根草を取り入れる

3つのメリット

楚々とした花姿で、日本の気候にも適応する宿根草のミヤコワスレ。植えっぱなしでも元気に育ち、毎年開花を楽しむことができる。

01

LOW MAINTENANCE

丈夫で手間いらず！

宿根草は一度植えつけるとその場所で何年も
株が残るので植えかえの手間がありません。
放任しておいても育つものが多く、年々大きく生長するのも魅力です。
メンテナンスに必要な時間も減るので、
庭でゆっくりと過ごす時間が増え、植物に癒やされる感覚も味わえます。

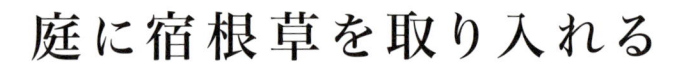

02

FEEL THE SEASONS

季節を感じられる

芽出しから伸長、開花と
毎年決まったサイクルで生長を繰り返し、
季節の訪れを感じさせてくれる宿根草。
開花のタイミングを把握しながら、
見頃が入れ替わるように、
宿根草を取り入れることで
彩りあふれる開花リレーを楽しむことができます。

初夏の花壇を彩る宿根草のジキタリスや、
アクイレギア‘ルビーポート’、ヒューケラなどが
咲き誇る花壇。丈夫で開花期も長く、翌年も
開花を楽しめるのも宿根草をメインに植えているから
こその利点。

03

BEAUTIFUL LEAVES

葉にも観賞価値がある

形や色、質感など葉の種類が豊富に揃い、
その葉自体にも観賞価値のある宿根草。
花後も地上部に葉が残り、生長を続けるので
グラウンドカバーやすき間を埋めるのにも重宝します。
宿根草だからできる、葉を彩りとして取り入れた
センスのよい植栽デザインにも挑戦できます。

斑入りのギボウシや、アジュガ、シダ類などのカラーリー
フが地面を覆うように茂り、涼感あふれる景色に。

宿根草で楽しむ庭づくり

季節の花々や美しいグリーンなど、宿根草を生かして庭を作ってみませんか？ どんな風に庭で過ごす？ どんな植物を植える？

あらかじめしっかりとプランニングすれば、初心者さんでもきっと素敵なシーンを作ることができます。

In the Distinctive
est.1886
1900
1916

オープンガーデンの庭から……

オープンガーデンの活動をしている
市民グループ「三田グリーンネット」代表の
達家彰子さんに庭づくりのきっかけや、
庭を楽しむアイデアについてお伺いしました。

やってみたい！ そう思ったら庭づくりはもう始まっています。

「庭づくりのきっかけは、自分でもオープンガーデンをしてみたいと思ったこと。他のお庭のアイデアや素敵な景色をただ素敵！と憧れだけで終わらせず、自分の庭にも取り入れてみよう、と思ったんですよね。プロのガーデンデザイナーさんは頭の中で一度にデザインできると思いますが、私は少しずつコーナーを作り、それぞれを繋ぎながら庭の奥までデザインしていきました。この植物はこの場所で育ててみたけれど、どうしてもうまくいかない。じゃあこっちに植えてみよう。という、『失

敗をすることで得られる経験』を重ねて、庭はできていくと思うんです。そこに構造物がフォーカルポイントとして加わり、思い描く景色に近づいていく、その過程が大変だけれど楽しくもあるのです。

植物の下に重なるように植物がある、植物の層が好きです。そんな景色を見るためには、やっぱり土の力が必要。有機質系の改良材や用土、肥料などを取り入れると微生物が活発に動いてくれて、植物がしっかりと根を張れる土ができます。また植物の光合成のピークは午前10時。それまでに水やりを終えておくと元気に生長することも、実際に植物を育てながら覚えました。土のことを知り、植物を知り、自分の庭を知ることで庭づくりはもっと楽しくなります。」

新芽が動きはじめる春…
毎年気持ちが
高まります♪

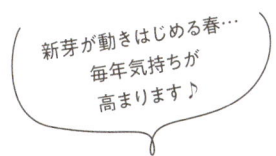

宿根草を楽しむ
庭のプランニング

まずは、庭での過ごし方を考えることから、プランニングは始まります。自分のライフスタイルを見つめ直すことで、どんな庭にしたいのかが見えてきます。

〈教えてくれた人〉

カモミールポット
達家彰子さん

お庭づくりのお手伝いやワークショップ、毎月1回行われる「お庭の学校」を主催する「a chamomile pot」主宰。三田グリーンネット所属。
https://www.chamomilepot.com

ステップ 01
まずはどんな庭を作りたいのか、ライフスタイルや楽しむ目的について考えよう

庭のデザインを考える前に、まずは庭でどんな風に過ごしたいのか、どんな使い方ができるのかなど、ライフスタイルや楽しむ目的を考えることが大切です。庭の大きさや条件はもちろん、庭主さんの趣味や暮らし方、時間の使い方もさまざま。ここでは、ステップ1で庭での過ごし方や庭の使い方について、ステップ2で庭の大きさや形、条件について考えてみましょう。それらを踏まえて、どのように楽しみ方や工夫ができるのかをみていきます。

庭でゆっくりと過ごす時間が欲しい

庭木を植えて日陰を作り ベンチを置いてゆっくり過ごす

庭を見渡せる場所にベンチを置くだけで、本を読んだり音楽を楽しんだりして過ごせる空間になります。座ることで目線が下がり、葉の陰に小さな芽を見つけたり、土や植物の匂いを感じたりすることができます。

ガーデニングを
たっぷり楽しみたい

お手入れに時間をかけて
さまざまな草花を育ててみる

花いっぱいの庭が欲しい、緑あふれる景色が作りたい！ そんな方はお気に入りの草花を思う存分育ててみましょう。ただしガーデニングは時間と体力が必須。無理のない計画が、長く続けるための秘訣です。

庭にかけられる時間が少ない

管理に手間のかからない鉢植えや
可愛らしい雑貨を並べてみる

お手入れする時間がないという方は、比較的手間がかからず育てられる草花や多肉植物などの鉢植えがおすすめ。お気に入りの雑貨と並べるだけで自分らしい空間を演出できます。

家族や友人と
楽しく過ごしたい

テーブルセットを配置して
おしゃべりの時間を楽しむ

庭でお茶やランチを楽しみたいという人は、ガーデンチェアやテーブルを置くとよいでしょう。直射日光の当たる場所を避け、涼しい木陰などを選べば楽しい時間を過ごせます。

ステップ 02

自分の庭をじっくり見てみよう

庭には植物を植えて楽しむほかにも役割があり、条件もさまざまです。例えば、通り抜けに使う通路や、リビングに接している場所、エントランス、日当たりのよくない場所やデッドスペースなど、それぞれに特徴があります。これらの役割や条件によって、どのように庭を使うことができるのかが異なるため、自分の庭にはどんな特徴があるのかをじっくりと考えてみるとよいでしょう。また、庭づくりにおいては一日のうちにどのように日照が変化していくのかを知ることも大切になってきます。

ここでは達家さんの敷地を例に、一般的な庭のパターンを挙げてみました。イラストを参考に、どんなスペースや条件があるのかを再確認してみましょう。また次のページからはそれぞれの条件や役割りを、どのように庭づくりに落とし込むとよいか、達家さんの庭を参考に紹介します。

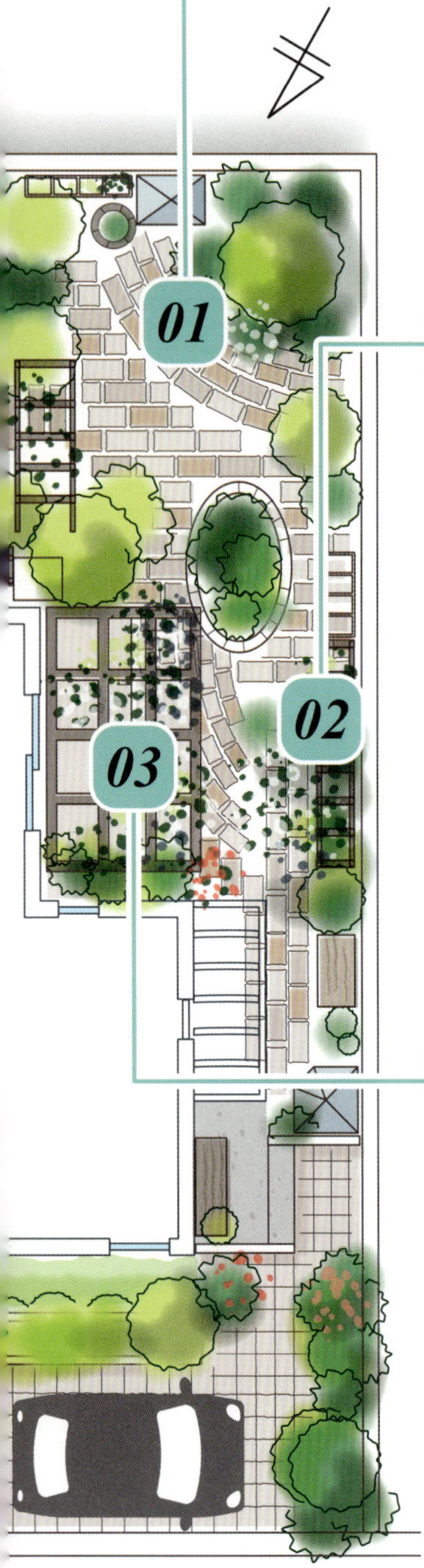

プラン 01 庭を眺められるスペース

庭を見渡せる場所には、ゆっくりと過ごしたくなる日陰を作るのがおすすめ。樹木の下にイスやテーブルセットを設置してみるなど、過ごし方をイメージしてみましょう。

（➡ P.16）

プラン 02 勝手口へ通り抜けできる細長い通路

家への出入りや通り抜けなど、生活の動線である通路の確保も必要です。よく歩く場所の場合は、レンガやタイル、石などを敷くとよいかもしれません。また通路の突き当たりには構造物があるとフォーカルポイントになり景色が引き締まります。

（➡ P.17）

プラン 03 建物の陰や北側など日当たりのよくない場所

植栽スペースではなく、道具や資材など、隠したいものの収納場所に利用するのも一つのアイデア。棚や作業台などスペースに合わせて取り入れると、作業もはかどります。

（➡ P.18）

プラン 05 隣家の目線が気になる場所

道路や隣家からの目線が気になる場所には、目隠しとなるフェンスを設けてトラブルを回避します。庭を板塀で囲むことにより、落ち着いた空間を得ることができます。(➡ P.20)

プラン 04 午前中はたっぷり日の当たる花壇

早朝〜午前中の日差しは、夏でも暑さが控えめで植物にとっては最適な光。配色や、草姿の違いを楽しんで植栽してみましょう。ひと方向から眺める場合は高低差のある帯状のボーダー花壇も効果的。順番に開花するリレーを楽しめます。(➡ P.19)

プラン 06 出窓のあるリビングの前

家の中にいても季節を感じられるよう、窓からの庭の眺めにも注目しましょう。窓枠をフレームに見立てて庭のシーンを切り取ると暮らしに潤いが生まれます。(➡ P.21)

プラン 07 庭として使いにくい駐車場

駐車場は車を使うことが多い場合、意外と頻繁に通る場所。せっかくならば生活感のある室外機や給湯器などを隠して、植栽スペースとして利用しましょう。(➡ P.22)

プラン 08 植栽スペースのないエントランス

家族やお客さまをお出迎えするエントランス。地植えのスペースがなくても鉢植えやハンギングなどを取り入れれば、庭として十分楽しめます。(➡ P.23)

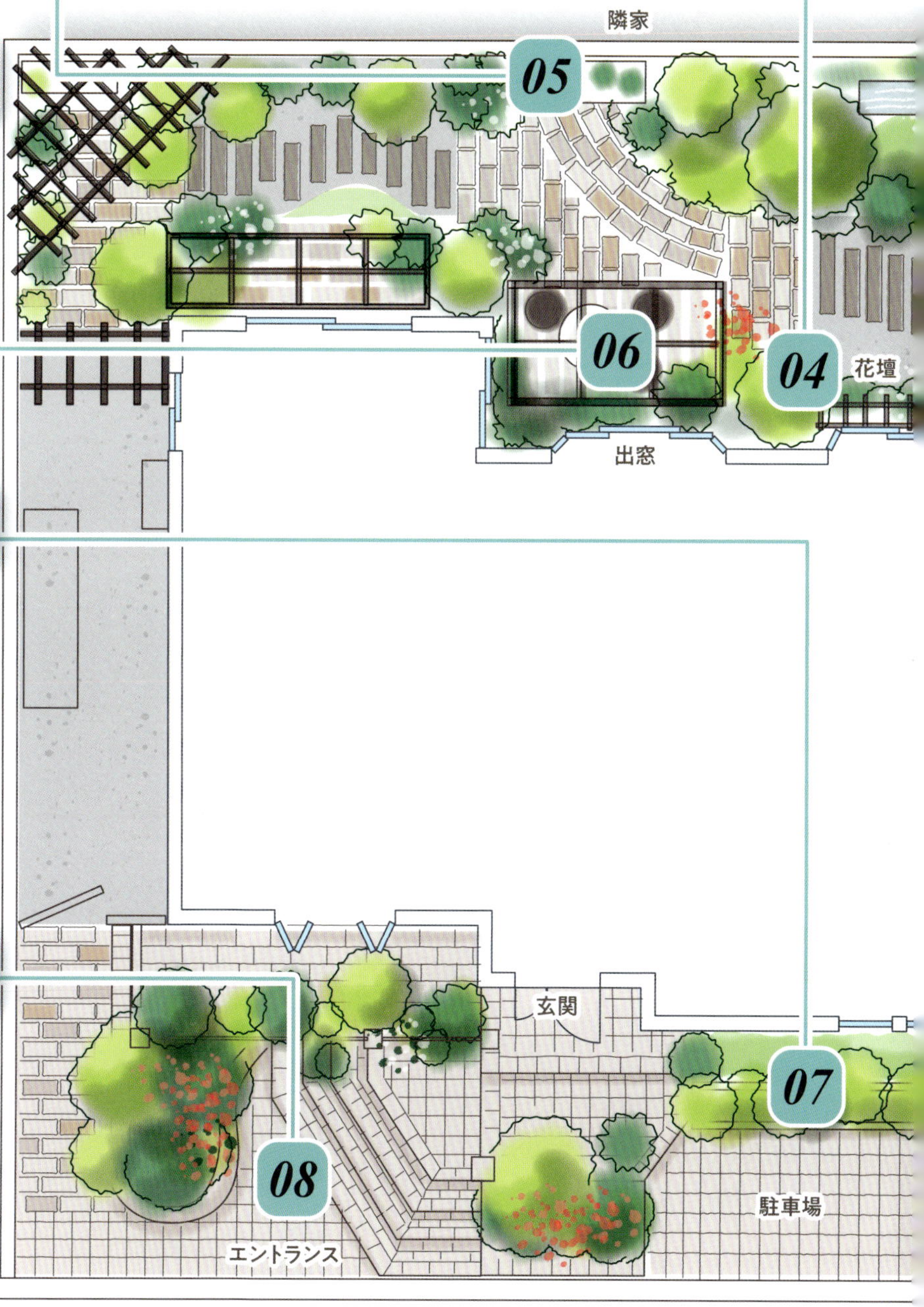

プラン
01

庭をゆっくり眺めるため 樹木の下にイスを置いてみる

シンボルツリーであるクスノキは、毎年透かし剪定をしています。枝を抜くことで光が差し込む、明るい日陰になるよう調整を。「クスノキの根元に植栽したギボウシやアジサイ。これは自生している場所をイメージしながら植栽する場所を作るとうまく育ちますよ」。

明るい日陰では葉が大きく展開し、ボリュームのある株へと育つギボウシ。「ギボウシの根元にはヒューケラを植栽。植物の層を作るようなイメージで、葉の色を楽しんでいます。」。

Plant List

01 コゴミ（宿根草）

02 ギボウシ（宿根草）

03 ギボウシ（斑入り）（宿根草）

04 ミツバシモツケ（宿根草）

05 ティアレア（宿根草）

06 ヒューケラ（宿根草）

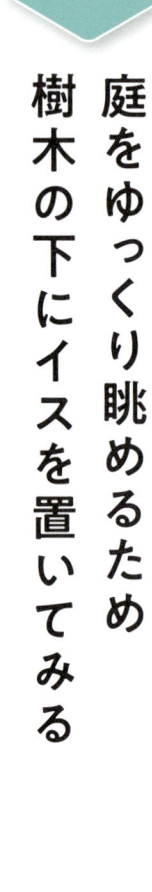

プラン 02

狭い通路にはフェンスやアーチを取り入れて、縦の空間を活用する

限られたスペースを活用するためには、縦の空間の利用が欠かせません。DIYで作った木製のパーゴラやアイアンのアーチにクレマチスやバラなどを誘引することで、目線が自然と上向きに。足元は日陰になるため、明るい日陰を好むアメリカテマリシモツケ‘ダーツゴールド’やギボウシなどを植栽しています。

板塀を設置する場合は、誘引した植物が生長して重くなったり、雨風でぐらつくことを考えて、必ず手前に支えとなる柱を添えて補強すること。

Plant List

- 01 アメリカテマリシモツケ ‘ダーツゴールド’
- 02 バラ ‘ウェディング デイ’
- 03 クレマチス ‘モンタナフレーク’
- 04 クレマチス ‘エールフクシマ’
- 05 ギボウシ（宿根草）

プラン
03

日当たりのよくない場所は バックヤードとして利用する

建物に面していて、日当たりがあまりよくないこの場所は、庭のメンテナンスに欠かせないツールや肥料、雑貨などを収納しておくバックヤードに。壁面には棚を設けたり、テーブルを配置したりして空間を無駄なく、機能的に使っています。さらにパーゴラを設置し、雨がかからないようトタンの屋根とシェードカーテンをつけて外と内を繋ぐ半屋外のスペースに。雨の日でも苗の植えかえやＤＩＹの作業ができるので重宝しています。

Plant List

01 バラ‘フィリスバイド’

02 ローリエ

お手入れや掃除道具などもS字フックで壁面に収納。庭のあちこちに置かず、この場所だけと決めているので景観を美しく保てます。

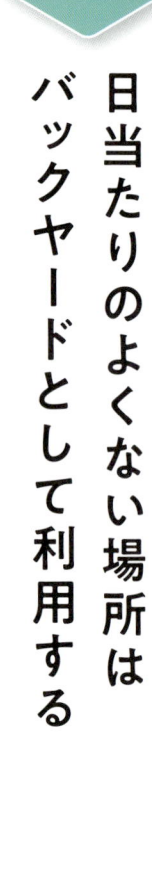

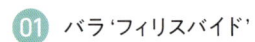

プラン 04

日当たりのよい場所には高低差をつけた花壇を作る

Plant List

- 01 リシマキア'ボジョレー'（宿根草）
- 02 サルビア ネモローサ 'カラドンナ'（宿根草）
- 03 エゴポディウム（宿根草）
- 04 ルメックス（宿根草）
- 05 セントランサス（宿根草）
- 06 ポピー
- 07 ビオラ ソロリア 'スノープリンセス'

窓の下は庭の中でも特に日当たりのよい場所。植物をたっぷり楽しむために花壇を作りました。ポイントは傾斜をつけてひな壇にし、奥まで日が当たるようにしたこと。用土が増えた分、植物も丈夫によく育ちます。花壇の手前はイワミツバなどを植えて土留めにしました。この場所は用土が流れないように、水やりに工夫が必要です。奥の方にたっぷり水やりをすることで、全体に水分を行き渡らせることができます。

窓の下に花壇を作る場合、気をつけたいのが換気口を塞がないようにすること。枕木やレンガなどで仕切りをつけて植物が侵食しないようにアイアンフェンスも立てている。

プラン

05

隣家との境にある板塀の足元は シェードガーデンを楽しむ

Plant List

- 01 エゴポディウム（宿根草）
- 02 シラユキゲシ（宿根草）
- 03 ノコンギク（宿根草）
- 04 カレックス‘エヴァリロ’（宿根草）
- 05 ギボウシ（宿根草）
- 06 バイカウツギ‘ベルエトワール’

住宅街に住んでいるとどうしても隣家の目線が気になるので、境には板塀を設置しました。「板は縦ではなく横に張るのがポイント。そうすることで目線が合いにくくなります」。

足元は完全に日陰になるため、日陰でも育つシラユキゲシやギボウシなどを植えてシェードガーデンに。葉ものだけでも見ごたえのあるコーナーになっています。

土が隣家に流れないよう、境目にはブロックを敷いて土留めを設置。こういった配慮も住宅街では大切なポイントに。

プラン
06

目線が気になる場合はグリーンのカーテンでプライバシーを確保する

リビングの窓はカーテンを閉めておかないと、家の中が丸見えに。でも閉めっぱなしはもったいない！ そこで庭の景色を取り入れるために、窓の外にパーゴラを設置し、モッコウバラを誘引しました。隣接する家の窓から目線を気にすることなく、窓を全開にして緑の光をたっぷりと楽しみます。

旺盛に枝を伸ばすモッコウバラは、室内に入る直射日光も遮ってくれるので一石二鳥。パーゴラの下にテーブルやイスを置けばティータイムも楽しめる。

Plant List

01 モッコウバラ

02 つるバラ
‘サマースノー’

プラン
07

北側の駐車場はグリーンのグラデーションで明るく彩る

エントランス横の駐車場に面した北側の植栽スペース。排水枡などが並び、植栽を楽しむには難しい場所でしたが、アジサイやコデマリ、斑入りのナルコユリなどの半日陰向きの植物で、グリーンのグラデーションを表現しています。この場所は点検などで人が入ることも意識して植栽を考えました。

Plant List

- 01 ギボウシ（宿根草）
- 02 セイヨウニワトコ 'ブラックレース'
- 03 アジサイ
- 04 コデマリ 'ゴールドファウンテン'
- 05 ナルコユリ（宿根草）
- 06 テイカカズラ

日陰にも強いコデマリやアキチョウジなどをこんもりと仕立て、斑入りのナルコユリなどのカラーリーフもプラスし、明るく彩っている。背景のウッドフェンスには濃いブラウンの塗装を施したことで、グリーンとの対比が一層美しい空間に。

プラン
08

エントランスはコンパクトに仕立てられて管理のしやすいコンテナガーデンに

地植えスペースのないエントランスでは、コンテナを取り入れて、季節の草花を楽しみます。鉢やコンテナの大きさによって、株の生長をコントロールできるので限られたスペースでは重宝。観賞期間の長い宿根草のリーフや低木を中心に、一年草の彩りを添えています。手前の大きなコンテナと、木製のプランターに取り入れたのはヒューケレラ'プラムカスケード'。ヒューケラとティアレラの交配種で、這うように伸びて下垂するため、コンテナなどに植えると効果的に仕立てることができます。

Plant List

01 ヒューケレラ'プラムカスケード'（宿根草）
02 ヤマボウシ
03 ハクロニシキ
04 ザクロ

column

庭を楽しむ仕掛けや工夫が随所に散りばめられた通路

細い通路は、人ひとりがようやく通れる幅。通路の脇にはあえてビバーナム スノーボールを植えて、そこを通ると花弁に少しあたるよう計算を。花びらがハラハラと散る景色を楽しむことができます。「花びらの絨毯も素敵なんですよね」と達家さん。地面はレンガと枕木をランダムに組み合わせて、グラウンドカバーとして、這うように広がるヒメイワダレソウを植栽。目地の間は水はけをよくするために、なるべくあけています。

プラン01
➡ P.16
庭を眺められるスペース

実例で学ぶ 宿根草ガーデン

兵庫県・三村邸

訪れるたびに進化している！三村さんのお庭は発見がいっぱい

森に囲まれた景色を生かし、野趣に富んだ草花や小花を加えて

緑に恵まれた三村さんのお庭は、別荘地のため隣の家とのスペースにゆとりがあり、プライベート性の高い空間。一段下がる斜傾地を活かし、隣家の雑木を借景に取り入れた庭づくりを楽しんでいます。緩やかな小道を設けて動線を確保し、敷地の境にはウッドフェンスとデッキを設置。既存の雑木は残し、日陰になる根元にはシダ類や山野草などを植栽しています。山を切り開いた場所なので、自然に出てくるものや、殖えるものがほとんど。環境に合うものだけを楽しむ自然体の庭が素敵です。

プラン03
➡ P.18
建物の陰や北側など日当たりのよくない場所

日陰になるモミジとカキの木の下は、植物を育てるには不向き。そこは割り切ってウッドデッキを作り、鉢や雑貨を並べて楽しむスペースに。

下草として取り入れるリーフは、葉の質感がポイントに。なるべく厚みがなく、ツヤがあるよりはマットな質感で揃えると、自然かつボリュームのある印象に仕上がる。

半日陰になる環境は カラーリーフ&小花を活用して克服

ドワーフコンフリー
ヒッドコートブルー（宿根草）

シレネ ディオイカ（宿根草）

セイヨウシダ（宿根草）

ミヤコワスレ（宿根草）

園路を彩るのは
色彩や形に変化をつけた
カラーリーフ。

あまり日当たりがよくない場所は、斑入りのユキノシタやクジャクシダなど、自然に出てきたものを生かして。隣り合う葉の色や斑入り、大きさを考えて植栽している。

クジャクシダ(宿根草)

ユキノシタ(宿根草)

マネしてみたい!

広すぎる植栽スペースには
草丈が低く、葉を大きく展開する
植物を選ぶと間延びしない

傾斜を利用し2段構えの花壇をつくった広いスペースには、大株に育つシダやギボウシなどがぴったり。今後の生長も考え、間隔をあけて植栽している。

ニシキシダ
'シルバーフォールズ'
(宿根草)

ギボウシ
'ブルースマウスイヤー'
(宿根草)

手のかからないシダや山野草を主役に、しっとりと見せる植栽にこだわって。グリーンが豊富だからこそ、バラとコデマリの白花が引き立っている。

プラン 04

➡ P.19

午前中はたっぷり日の当たる花壇

傾斜のため雨がたくさん降ると土が流れてくることも。花壇の縁取りに使った石は土留めの役割も担っています。

土を掘り起こした際に出てきた石を集めておき、花壇の縁取りに並べて利用。味わいのある石がナチュラルな庭の雰囲気にマッチしている。

「いつの間にかなくなっている植物があって、わが家ではヒューケラが気づくといないの」と三村さん。環境にあうものだけを残して、地植えで育てにくいもの鉢植えで楽しむという考えに行き着いたのだそう。

実例で学ぶ 宿根草ガーデン

兵庫県・高嶋邸

高嶋さんは土づくりから教えてくれた園芸の先生!

ＤＩＹで作った構造物と植物が調和する緑豊かなモダンガーデン

達家さんのすぐそばにお住まいの高嶋さん。日当たりのよい前庭と、日陰になる奥庭への通路に作られた庭は、環境に合うグリーンと清楚な白花で彩られ、大人っぽい雰囲気を演出しています。奥庭へ続く小道には、オーレア系のリーフや瑞々しい樹木を多数取り入れて、暗くなりがちな空間に明るさをもたらしています。前庭には3本の小道を敷き、中央の道の途中には2連のアーチを設置。緩やかにカーブさせることで「この先には何があるのかしら?」と想像力をかき立てるようなレイアウトに。動きの出るグラスや大きな葉はダイナミックな印象を、一年草はボリューム感と華やかさを与えてくれ

宿根草×低木でつくる緑たっぷりな空間は必見

宿根草

クリスマスローズ

アスペルラ オドラータ

ペルシカリア
‘ファイヤーテール’

ワイルドオーツ

落葉低木

ビバーナム
スノーボール

サンショウ

ハクロニシキ

リキュウバイ

やわらかな色合いのリーフや低木をベースに、花色はぐっと絞って好みの白花を加えた落ち着きのあるシーン。園路沿いは高低差を意識して、手前には低い植物を、奥には草丈のある低木を植えることで、遠近感を意識して。

プラン 01
➡ P.16
庭を眺められるスペース

る効果もある、と高嶋さん。リーフと小花が調和する庭からは、リラックスしながら回遊できる雰囲気が漂います。

盆栽用の平鉢にコケを植えて育てている。「しっとりした雰囲気が宿根草の庭とも相性抜群。手で触ると気持ちがよく、癒やされます」。

プラン 04

➡ P.19

午前中は たっぷり日の 当たる花壇

ご主人がDIYをしたアーチには、ナツユキカズラを絡ませて。構造物を配置することで、見通しのよい空間にメリハリをつけている。塗装は植物になじむよう、ブラックグリーンで統一を。

一年草がメインのエリアに
加える宿根草は、
花色を引き立てるカラーリーフ。
ボリュームのある葉を展開させ、
好みの落ち着いた雰囲気に。

ハゼリソウ
（一年草）

宿根アマ
（宿根草）

ルメックス
（宿根草）

ペリシカリア
‘レッドドラゴン’
（宿根草）

➡ P.18

Planni 03

建物の陰や北側など 日当たりの よくない場所

宝石のように美しい実をつけるスグリは、トレリスに誘引して空間に彩りをプラス。直射日光を避けて、明るい木陰になる場所で管理を。

小道の突き当たりには
ガーデンシェッドを設置。
シックなフォーカルポイントに。

ガーデンツールを収納するシェッドは、全体の雰囲気を壊さないよう、木材でDIYを。半日陰になる空間なので、明るいリーフをメインに植栽して。

シダ（宿根草）

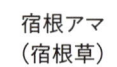

東南の角には雑木を植えるほか、目隠しの役割もこなす2連のアーチを設置。すべてオープンにするのではなく、視線をストップさせるコーナーも作った。

マネしてみたい！

構造物や大鉢の足元は植栽を添えて充実させると印象深いシーンに仕上がる

プラン 05

➡ P.20

隣家の目線が気になる場所

以前は井戸として使っていた場所を、植栽スペースとして利用。トクサやウォーターマッシュルームなどの水生植物で瑞々しく。

ナンキンハゼの根元には、備前焼きの器を鉢に見立てて設置。周りは涼しげに風になびくフウチソウをたっぷりと植栽して。

特別実例

緑豊かな里山で季節の草花を楽しむグリーンローズガーデン

——斉藤よし江さん

春のガーデン

ウグイスやホトトギスなど、
鳥の鳴き声が響く「グリーンローズガーデン」。
そこは里山の風景が残る、
斉藤よし江さんの庭。
バラと宿根草で彩られる
緑豊かなガーデンを訪ねました。

バラの咲く頃は、一年で一番庭がイキイキと輝く季節。淡い花色や小花など、やさしい雰囲気にまとめられたガーデンは量感たっぷり。

「Green Rose Garden」のガーデンデザイン

広い庭を回遊できる園路や小道を作り、
場所によって異なる条件やスペースなどを考慮しながら、
それぞれの季節を彩る美しい植栽で構成されています。

01 ポタジェ

ハーブや野菜、果樹などを混植したポタジェは庭の中心に。手入れがしやすいよう、放射状に小道を作った。

03 シェードガーデン

日陰でも育つリーフや宿根草が一面に広がる。

03 緑の小道

山野草や旺盛に育つ宿根草を毎年楽しめる。

02 里山の小道

木々の下で日陰となる場所ではリーフが主役。イカリソウやアスターなど楚々とした草花と組み合わせている。

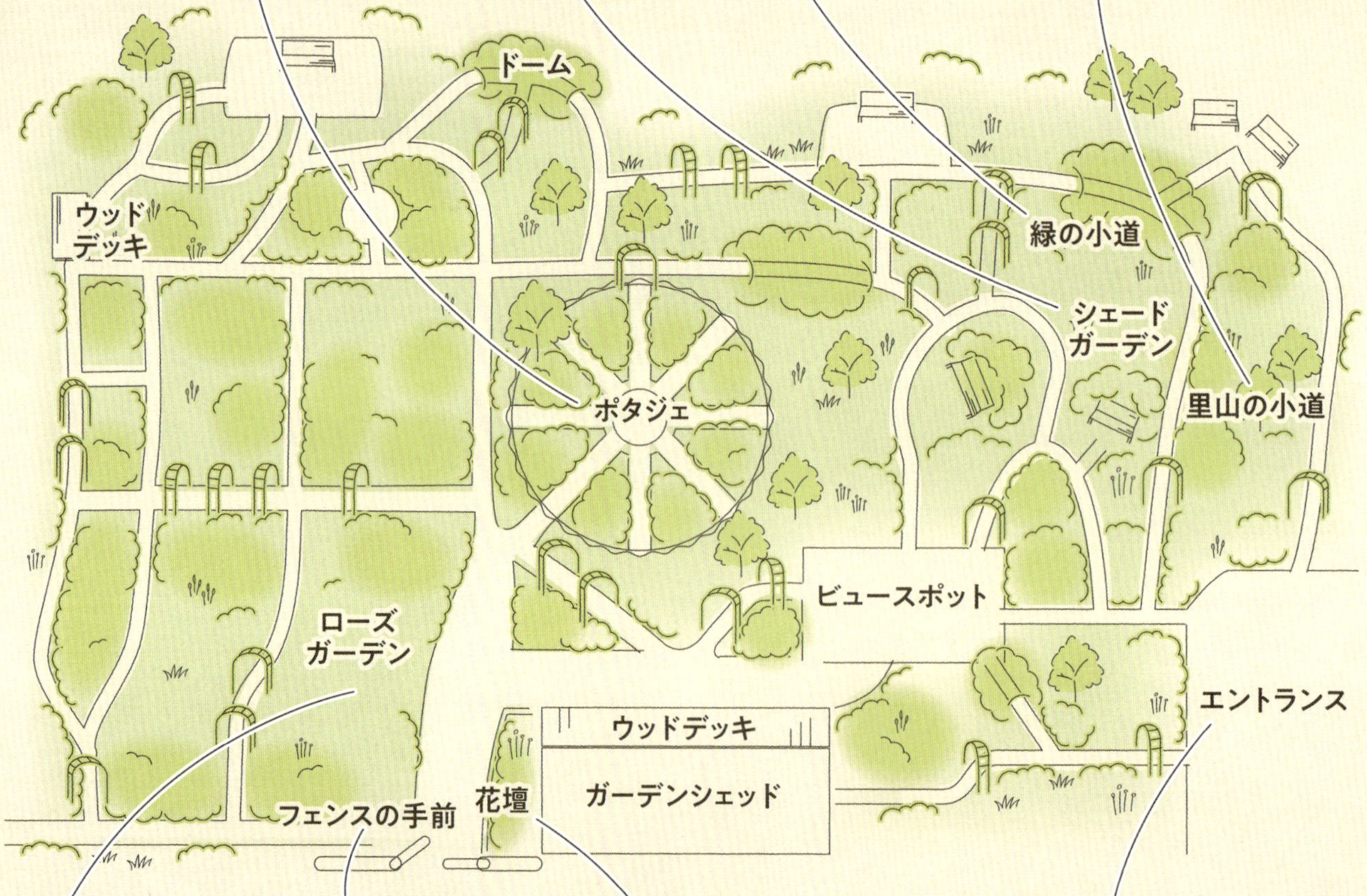

05 ローズガーデン

多くのバラを植えている中でも、ここはモダンローズを集めたコーナー。

01 フェンスの手前

西日が当たるこの場所は、午後をすぎるとグラスがいっそうキラキラと輝く。

04 02 花壇

球根や宿根草が次々に咲き、開花リレーを楽しめる花壇。

06 04 エントランス

ガーデンに入ってすぐにあるボーダー花壇。春はチューリップなどの球根や宿根草、秋には多彩なリーフやグラスが競演する。

01〜06はP.35、38〜40の春の庭、01〜04はP.48〜50の秋の庭と対応しています。

01 *Potager* ポタジェ

野菜やハーブを草花と混植させて作るポタジェ。遊び心をふんだんに取り入れて、球根と一年草、野菜と低木などの組み合わせを楽しみます。収穫はもちろん、シーンとして見映えよく仕上げるよう意識して。

「Green Rose Garden」の四季

春

待ちに待った芽出しの季節。ギボウシ、チョウジソウ、イカリソウなどの芽吹きに心が躍ります。4月になるとチューリップや宿根草が咲きはじめ、鮮やかな色彩が溢れてにぎやかに。5～6月はつるバラやオールドローズ、モダンローズが咲き、春の庭もクライマックスを迎えます。続いてクレマチス、エゴノキ、ヤマボウシなどの木々の花も咲き、ますます充実していきます。

夏

アナベル、アジサイ類、アルケミラモリスなどの、瑞々しく濃いグリーンが広がる庭。緑の濃淡を楽しみながら、花色は白色と青色だけに絞ります。一方、モダンローズのコーナーでは、バラの二番花が次々に咲いて華やかに。庭での作業は6月に種まきをした草花の苗を、7月末までに植えつけます。本格的な暑い夏が来る前に行う作業が多く、忙しい季節を迎えます。

秋

庭のバラや草花たちは厳しい夏を乗り越えて、10月になると生き返ったように元気に。秋には絶大な信頼を寄せているケイトウ、サルビア、アゲラタム（高性種）、アノダ、コリウス、ダリアなどが咲き、グラス類が穂を上げて秋風に揺れます。紅葉とともに草花は枯れ色や黄色く色づき、ローズヒップも赤く染まってきます。バーノニア、ルドベキアなどのシードヘッドも秋の風物詩です。

冬

落葉樹が多い「グリーンローズガーデン」は、どこもかしこも茶色の世界になります。春の庭を彩る草花や球根類はすべて植え終わり、あたたかい土の中で寒さから守られています。キーンと冷えた空気の中、春を待つ庭ではバラの誘引と剪定作業を開始。2月後半にはクリスマスローズが咲き始め、ツバキの花とともに庭に色を添えてくれると、春の訪れが近いことを感じます。

Green Rose Garden
で見つけた

上手な一年草づかい

左／勢いよく伸びるデルフィニウムは、倒れないように新梢を支柱に使用。1本ずつ丁寧に麻ひもで留めている。デルフィニウムの間を繋ぐのはこぼれ種で毎年咲き誇るオルラヤ。　右／チョウジソウ（春）には一年草のワスレナグサを組み合わせて。ワスレナグサは開花期が短いため、宿根草やバラなどに迷惑をかけずにシーンを作る名脇役。

「生育旺盛なメドウセージは、切り戻してもすぐに伸びるので2回は切り戻します。脇から花芽があがってくるので、遠慮なく切ってしまっても大丈夫。」

バラが咲き、たくさんの草花が季節を告げるグリーンローズガーデン。「残す草花が多いと庭は楽になるので、少しずつ宿根草に切り替えていくのがおすすめです。」宿根草を育てるコツは、まず植物の好む場所を探してあげること。日当たりやどのくらいの大きさに育つのかなど、しっかりと調べてから植えています。「手間いらずで育つとはいえ、ある程度のお手入れは必要」と斉藤さん。「お手入れすることで景観も保てるし、花がら摘みや切り戻しをすることで、花を長く楽しめます。」

one point advice

庭の植栽は宿根草が多いのですが、バラの根元にだけは植えないのが原則。理由はカミキリムシを発見できないことと、バラは草丈のある植物に寄りかかられるのを嫌うため。特に草姿にボリュームのあるものは避けるようにします。

Column

草取りをした後は
雑草マルチに再利用！

日々のお手入れで大変な草取りですが、ただ捨てるのはもったいない！ 雑草に枯れ葉や牛ふんなどを混ぜて、バラや宿根草の株元から少し離した位置に置いておきます。やがて土に戻り微生物を増やしてくれるので、ミミズが動きだし、土がふかふかになりますよ。米ぬかを混ぜると早く土に戻ります。

手入れの楽な春の宿根草

毎年必ず出てきて開花するものや、
草丈を抑えられてコンパクトに育つものなど、
育てやすい春の宿根草を教えてもらいました。

フロックス

ミヤコワスレ

ペンステモン スモーリー

クリスマスローズ

チョウジソウ（春）

イカリソウ

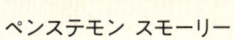

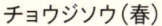

02 *Satoyama Path*
里山の小道

ユキノシタ

ワイルドチャービル

緩やかなカーブを描く小道は、ミヤコワスレやユキノシタ、ワイルドチャービルなどの宿根草で彩ります。ユキノシタは2枚に広がる花や柄の入る葉にも観賞価値があって重宝。ワイルドチャービルは、こぼれ種でも殖え、黒軸や黒葉がアクセントになって印象的ですが、近頃は高温が続き、夏越しが難しくなりました。宿根草だけでなく一年草のカンパニュラ‘スズヒメ’も加え、草丈を生かし立体的に見えるよう後方に植栽しています。

03 *Shade Garden*
シェードガーデン

ショウブ

ヤマアジサイ

ダイナミックに葉を広げるギボウシやクリスマスローズが茂り、地面が見えないほど植栽で覆われるシェードガーデン。リーフに合わせた黄花のキショウブは、落ち着いた雰囲気をキープしたまま絶妙なアクセントに。昔からある原種はリーフとの相性もよく、庭によくなじみます。アジサイならヤマアジサイ、アイリスならショウブやアヤメなどが好みです。

04 *Flower Bed*

花壇

アクイレギア'ルビーポート'

ジキタリス

ガーデンシェッドの横にある花壇は、ジキタリスやカンパニュラ パーシフォリア、アクイレギア'ルビーポート'など草丈の高い植物でまとめ、根元には早春から咲き続ける黒のビオラをそのまま残して、ボリューム感を演出。花壇の彩りを長く楽しむコツは、種になる前にこまめに花がらをカットすること。力を温存できるので花芽が上がり、再び花を咲かせてくれます。

05 *Corner in the Rose Garden*

ローズガーデン内のコーナー

ペンステモン
'ハスカーレッド'

ニゲラ

刈り取ったハギの枝でアーチを作り、設置したコーナー。薄いピンクと黒軸のコントラストが美しいペンステモン'ハスカーレッド'は、黒軸を見せたかったので手前に植栽しました。また組み合わせるのはニゲラやワスレナグサなど、白花だけに絞ることで、一層際立つシーンに仕立てています。

華やかなピンクでお出迎えするウエルカムガーデン

06 *Entrance*

エントランス

リシマキア'ボジョレー'（宿根草）

アグロステンマ（一年草）

ナデシコ'ソーティー'（宿根草）

ガーデンへの入り口にあるボーダー花壇は、ピンクの花をメインに集めたウエルカムガーデンに。濃色の赤色をところどころに入れ込みアクセントに利用しています。花壇は秋の庭に向けて、梅雨明けまでには宿根草や一年草の植え込みを終わらせることが目標。厳しい暑さが来る前にしっかりと根を張らせておくことで、丈夫な株へと育ちます。

アリウム クリストフィー（球根）

テマリシモツケ'ディアボロ'（低木）

クナウティア マケドニカ（宿根草）

ジキタリス（宿根草）

宿根草を
主役にした
素敵なコーナー

左上／日当たりのよい場所に植えるとよく殖えて、育てやすいレーマニア。大きなベル型の花姿が存在感を放ち、コーナーの彩りにはぴったり。　右上／アンティークな雰囲気漂うガーデンフェンスには、赤い小花が愛らしいチェリーセージを添えて。開花期が長く、春から晩秋まで咲き続ける。　左下／美しい斑入り葉はヘンリーヅタ。使わなくなった長靴を鉢に見立てて鉢植えに。生長が早いので地植えの場合は場所を選んで植栽すること。秋の紅葉も楽しめる。　右下／明るいイエローの葉が目線を集めるヒューケラ。ヒューケラは翌年消えてしまったり、夏越しが難しく、溶けたりするので鉢植えのまま土に植えて楽しむことが多い。

秋のガーデン

オーナメンタルグラスが織りなす秋の庭。
草丈があって力強く、
存在感あふれる草姿に圧倒されます。
夏から咲き続ける草花に加えて
秋の宿根草で彩られるガーデンは
風情あふれる表情を見せてくれます。

斉藤さんのガーデンでは煙るように咲く赤い花穂のミューレンベルギア カピラリスが見ごろを迎えている。

秋のガーデンは
こっくり濃い赤色の草花で
アクセントをつけて。
この時期ならではの
味わい深い風景が広がります。

斉藤さんおすすめの秋色の草花

宿根草や球根、一年草などの花色にはシックな赤を取り入れると、ぐっと庭が引き締まります。

ダリア黒蝶
（球根）

アマランサス ベルベットスムース（一年草）

コリウス レッドヘッド
（一年草）

サルビアバンビューティー
（宿根草）

窓辺を彩る赤い実は原種のバラ、ロサムリガニー。窓の下には赤花で繋いだサルビア バンビューティーを植栽して統一感を生み出している。

華やかな草花で彩られる春や夏とは異なり、秋はぐっと落ち着いた雰囲気に変化します。控えめな花姿や野趣あふれる草姿といった宿根草に加え、季節の訪れを感じさせる山野草もガーデンには欠かせない存在。アキチョウジやノギクなどの素朴な草花に心が惹かれます。

「2〜3年前から感じていることですが、植物のサイクルが変わってきたように思います。秋バラや宿根草は夏の暑さから回復するまでに時間がかかり、管理も難しくなってきました。」秋まで開花を楽しむために気をつけていることは？との問いに「切り戻しのタイミング」と斉藤さん。「宿根草は6月中には切り戻すようにすると、再び花芽が上がり、秋には開花を楽しめますよ。」

Green Rose Garden で見つけた

花がら摘みを繰り返せば まだまだ咲きます！

秋の花壇に欠かせない一年草のサルビア ユキプルコ。コンパクトな矮性種で、宿根草の中に混植させると華やか。「こまめに花がらを摘むとつぼみがついて、まだまだ咲きますよ。少し手入れをするだけで見違えるでしょ？」

「大型のグラスは生長すると草姿がどうしても暴れるので、囲いや支柱を使って整えます。囲いには剪定した枝などを使い、植栽の邪魔にならないよう配慮します。」

one point advice

紫の花を次々に咲かせるユーパトリウム セレスチナム。丈夫で横に広がる性質を生かし、グラウンドカバーに使っています。そのままにしておくと草丈が伸び、下葉が枯れて見映えが悪くなるので、好きな高さをキープしつつこまめに切り戻して管理します。

秋を彩るお気に入りの植物

秋を彩る宿根草のほか、
宿根草との組み合わせにおすすめの
グラス類や一年草を教えてもらいました。

アキチョウジ
（宿根草）

ペニセタム
'パープルファウンテングラス'
（宿根草）

パニカム'チョコラータ'
（宿根草）

ネコノヒゲ
（一年草）

ケイトウ ルビーパフェ
（一年草）

ヤマセリ
（一年草）

ペニセタム'カーリーローズ'
草丈：60〜80cm
株張り：80〜100cm

ペニセタム'ハルメン'
草丈：40〜60cm
株張り：60〜80cm

メリネス'サバンナ'
草丈：30〜50cm
株張り：30〜60cm

Column

スペースがなくても大丈夫！ コンパクトなグラスたち

最近よく見かけるようになった、ナチュラリスティックガーデン。植栽に欠かせないのが存在感のあるグラス類ですが、大きいものだと2〜3m以上になるものもあります。素敵だけど庭に取り入れるには大きすぎて難しい、そんな人のために、株のまとまりがよくコンパクトに育つグラスを教えてくれました。

01 *Front of the Fence*
フェンスの手前

アオチカラシバ

サルビア
‘エンバー ウィッシュ’

日に当たると輝いて見えるアオチカラシバに、オレンジの花色がアクセントになるサルビア‘エンバー ウィッシュ’を組み合わせて。アオチカラシバは秋に穂を次々に立ち上げ、グリーンだったツボミが徐々に白く変化する様子も楽しめるグラス。比較的コンパクトなのでスペースをそこまで必要としません。サルビア‘エンバー ウィッシュ’は鉢のまま植えて花後は掘りあげ、軒下に入れて冬越しをしています。

02 *Flower Bed*
花壇

ケイトウ ホルン

アノダ

ピンクの花色合わせが華やかな花壇。一番に目に入ってくるのは、キャンドルを灯したような花姿のケイトウ ホルン。スッと立ち上がってくれるので使いやすく、一年草のため毎年種を採って苗を育てています。株元は一年草のアノダを植栽。ふんわりとした花姿で株元を覆い、草丈のあるケイトウとの繋ぎ役になってくれています。

03 *Green Path*

緑の小道

ミズヒキ

フジバカマ

繁殖力旺盛なフジバカマに合わせたのは、小さな赤い小花が特徴のミズヒキ。どちらも宿根草で、日本の秋を象徴する野の草花です。秋の七草でもあるフジバカマは、楚々とした薄いピンクの花を咲かせ、一方のミズヒキは線のように繊細な花茎ながらも、雑草のように山野に生えているたくましい植物。丈夫な性質同士を組み合わせた、手間いらずなコーナーです。

ノガリヤス

アスター‘アイデアル’

やわらかな雰囲気のノガリヤスの穂が風に揺れて、何とも自然美あふれるシーン。背が高くなりすぎず、花壇の後方でも手前でもうまくなじむので重宝です。小花があふれるように咲き誇るアスター‘アイデアル’と、ノガリヤスの葉が作る美しいラインを、十分に楽しめるコーナーになっています。

「常に意識していることは、植物とじっくり向き合いながら庭づくりをしていくこと。夏が暑くなれば、なったなりの手入れや植物選びも必要になってきます。それぞれの庭にあった対策を立てていくことが、庭づくりにとって大切なことなのだと思います。」

04 *Entrance* エントランス

ピンクの花をメインにした春のウエルカムガーデンに対して、秋は華やかなグラスの丘でお出迎えします。ススキに代表されるグラスの魅力は、秋らしい季節感を演出できるところ。中でも質感や葉色、草姿などが個性的で観賞性の高い「オーナメンタルグラス」は美しいシーンを描くためには欠かせない存在です。

左上／自然な趣のあるオレンジのアスクレピアス‘アポロオレンジ’を後方に、株元には明るいコリウス‘ゴールドジャイアント’を植栽。宿根草と一年草を組み合わせることで、毎年新鮮なコーナーに。　右上／白花が愛らしいノギク。倒れながらも咲き、細い茎を伸ばしながら広がるので、ぽっかりと空いてしまったスペースを埋めるのにも活躍。ただし殖えすぎには注意。　左下／夏から秋にかけて赤紫色の花穂を楽しめるペニセタム‘パープルファウンテングラス’。銅葉も相まって、大人っぽい雰囲気にまとまる。　右下／丸みのある苞が愛らしいセンニチコウ‘ファイヤーワークス’。一般的なセンニチコウが一年草なのに対してこれは宿根性で、土中に根が残り越冬する。

宿根草をどう生かす？

植物の組み合わせヒント集

宿根草を取り入れた空間づくりのポイントやコツをご紹介。
宿根草×雑木・リーフ・一年草・バラなど、組み合わせ次第で
印象はガラリと変わります。実例のお庭からヒントを得て、
宿根草の取り入れ方の参考にしてみてください。

※写真と文章内にある数字は全て宿根草です。

自然な風景を作るなら

宿根草×雑木

雑木を取り入れて野趣あふれる風景に

——神奈川県・赤地邸

「生まれ育った山梨の緑豊かな風景を描きたかった」と赤地さん。自然を意識した庭の要ともいえる「雑木」を取り入れて、40年程前から庭づくりをスタートさせました。

リビングに面した大きな窓は、常に開けたままにすることで室内にいながら雑木に囲まれた感覚を味わえるようになっています。雑木に合わせるのは、シランやジキタリスなどの宿根草に加え、ハンゲショウなどの山野草といった、野趣がありつつも品のあるもの。暗くなりがちな樹木の根元には、日陰を好むホスタやフウチソウといった明るい葉色のリーフを取り入れて、艶やかな緑あふれる空間に仕上げています。

雑木 コバノズイナ

ジキタリス（宿根草）

1 最小限のお手入れで華やかさを演出して

隣家からの目線を遮る、シックなグレーのウッドフェンスを背景に、雑木と草花で彩りを加えたナチュラルな庭。さまざまな雑木を合わせて高低差のバランスを取り、野趣あふれる宿根草で空間を繋いでいます。ブラシ状の白花が満開を迎えているのはコバノズイナ。樹形が乱れにくく、メンテナンスが少なくすむので放任で育てています。

庭の一角にある井戸のポンプはアンティーク。実際に井戸水が出るので植物への水やりなどに重宝している。

コバノズイナの株元は日陰になるため、メダカを育てている水鉢を配置。水鉢があると趣のある雰囲気になり、ぐっと風情が増す。

2 古道具の見立てづかいが光る緑豊かなウッドデッキ

庭とリビングを繋ぐウッドデッキは、彩りあふれるコンテナガーデンに。鉢やハンギングのほかに、アンティークのベビーバスや古道具を鉢に見立てて活用しています。大鉢に寄せ植えしたのは、エスペレティア ベルベットスノー（1）とブルーデージー（2）。放任しておいても年々大きく育ち、存在感のあるひと鉢に。ベビーバスには一年草を取り入れて季節感を演出しています。

アイアン製のポットハンガーは、ツールをかけて収納に利用。多肉植物を植えたトレイをアンティークのミシン台の上に乗せて、味わい深いコーナーに。

シロタエギクとアイビーのナチュラルな草花を寄せたハンギングバスケット。空間にやさしげな彩りを添えて。

上／お気に入りの鉢植えや雑貨を並べて飾った、にぎやかな玄関脇のコーナー。日陰になりがちな場所でも、高さを出せる鉢植えなら日当たりを確保できる。　下／レンガを貼った門柱の硬いイメージを和らげるため、ジューンベリーの下草にはギボウシや、エリゲロンをふんわりと伸びやかに植栽して。

3 大きなヤマモミジで外構にもシーンを作る

大きなヤマモミジの下には、ハンギングやコンテナで彩りをプラスし雑木の庭をより自然な風景に。瑞々しいグリーンの中に、赤花のフクシアやカラーリーフのヒューケラ（3）で色を添えています。

4

雑木の根元は、変化をつけたリーフづかいで魅了する

シマトネリコの枝葉が心地よい影を落とすコーナー。暗くなりがちな株元には、半日陰を好むギボウシ（4）やシロタエギク、シダの葉を植栽しています。葉色、形の異なるリーフづかいが見事。

雑木 シマトネリコ

ギボウシ（宿根草）

5

盛り土で高さを上げたレイズドベッドがおすすめ

ウッドフェンスの足元の花壇には、盛り土をして高さを上げるレイズドベッドを採用。縁取りには石を並べて土が流れ出るのを防止しています。土がたっぷり入ることで排水性、通気性がよくなり、日陰に強いフウチソウ（5）などの草花が旺盛に育っています。

フウチソウ（宿根草）

「基本的には丈夫で手のかからない植物を選んでいます。奔放に伸びるそのままの姿を楽しむことが多いですね」と赤地さん。カラーリーフを中心とした花壇は、壁面にハンギングを飾ったり、ジキタリスやヤグルマギクなど草丈のあるものも取り入れたりして立体的に仕立て、奥行き感を演出しています。

赤地さんのお庭の
Plants List

- A シマトネリコ
- B リキュウバイ
- C ヤグルマギク

▼宿根草

- D ジキタリス
- E ハボタン
- F ヒューケラ
- G フウチソウ
- H シロタエギク

日陰のスペースも活用したいなら

宿根草×リーフ

日陰を彩る豊かなリーフで涼しげなシーンを楽しんで

埼玉県・加庭邸

一見、ガーデニングには不向きな日陰や半日陰といったスペースが美しく整っていると、庭づくりもぐっと楽しくなります。加庭さんの庭でデッドスペースとなっているのは、家の周りをぐるっと一周できる北側の通路。日陰でも育つ明るいリーフを中心に、隣り合う葉色はコントラストを意識して組み合わせています。日陰と言っても庭によって明るさが異なったり、乾きやすい場所だったりと条件はさまざま。その場所で丈夫に育つかどうか様子をみて、植物をセレクトしています。

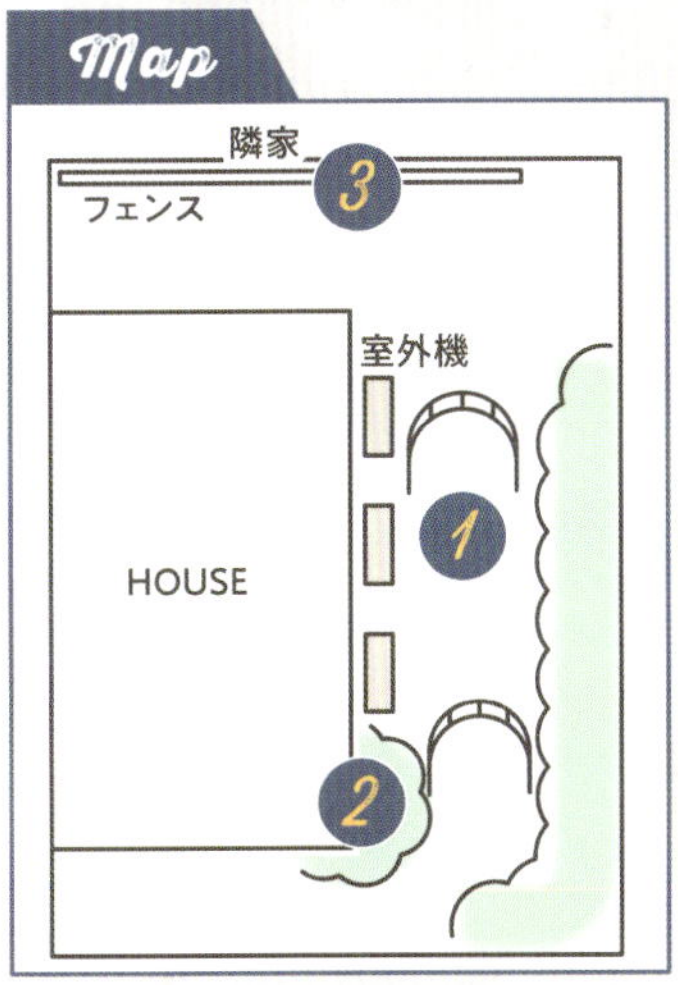

1

暗くなりがちな通路は白い塗料で明るくする

DIYで作った室外機のカバーは全て白い塗料で統一を。空間が明るくすっきりとした印象になる効果があるほか、グリーンの葉色も一層映えるのでおすすめです。アーチの足元にはギボウシやカレックスなどのリーフを植栽。自然かつボリュームのある景色に仕上がっています。

リーフ
ペルシカリア'レッドドラゴン'

リーフ
ギボウシ

リーフ
カレックス

アスチルベ（宿根草）

ドワーフコンフリー（宿根草）

2 ローメンテナンスなリーフを量感たっぷりに取り入れる

コーナーのアクセントに選んだのは、半日陰でも丈夫に育つドワーフ コンフリー（1）。植えっぱなしでも毎年春にはクリーム色の小花をうつむいたように咲かせます。奥には草丈のあるアスチルベ（2）を配して、高低差のある植栽シーンを演出して。

つるバラ'ペレニアルブルー'

つるバラ'群星《ぐんせい》'

ゲラニウム'レッドロビン'（宿根草）

3 日陰でも育つ品種のバラで壁面を華やかに彩る

隣家との境に設置したウッドフェンスはDIYしたもの。白いペンキで塗装し、明るい空間に仕上げています。フェンスには日陰でも育つ2種類のつるバラを誘引。つるがよく伸び、小輪の花が密集して咲くので見ごたえたっぷりの壁面を楽しめます。バラの根元をカバーするのは、ピンクのゲラニウム'レッドロビン'（2）。日陰を彩る下草として重宝です。

日陰でも育つギボウシやアジサイなどのリーフが、地面を覆うように広がりボリューム感たっぷり。グリーンの中に加えたペルシカリア‘レッドドラゴン’がアクセントになり、北側の通路とは思えないほど、明るく充実したシーンに仕上がっています。

加庭さんのお庭の Plants List

A ムクゲ

▼ 宿根草

B ギボウシ
C ミズヒキ
D ペルシカリア‘レッドドラゴン’
E コンロンソウ

ボリュームたっぷりの
植栽を
楽しみたいなら

宿根草×一年草

量感のある一年草で作る憧れのホワイトガーデン

――埼玉県・遠藤邸

グリーンの葉色と明るい白花が広がる遠藤さんの庭。宿根草とバラが共演する立体感のある空間に、一年草を加えることでボリューム感あふれる風景に仕上げています。ポイントは植栽を白花で統一させ、清楚で明るいホワイトガーデンを表現しているところ。こぼれ種で殖えるオルラヤやカモミールなどの一年草を多く取り入れて、ナチュラルな雰囲気を演出しました。また通路の手前は低く、奥に向かって草丈が高くなるように計算して植栽をしているので、見ごたえのある帯状花壇になっています。

1

高さのある
アーチを設置し
縦の空間を有効利用

道路に面した場所には、フェンスとアーチを設置して視線をストップ。アーチには白い一重のつるバラ、ロサ ムリガニーを誘引させて目線を上にあげ、ホワイトガーデンを強調しています。足元は斑入りの葉が美しいエゴポディウム'バリエガータ'(1)で涼しげに。

2

宿根草の間に
一年草を植えて
ボリュームアップを狙う

釣り鐘状の白い花をたくさん咲かせているのはエゴの木。根元には草丈のあるラークスパーを植えて、空間を繋いでいます。同じく高さのあるジキタリス'(2)を点在させて、空間に広がりを演出。ジキタリスの花色は、全体のトーンを崩さないよう控えめなピンクにとどめて。

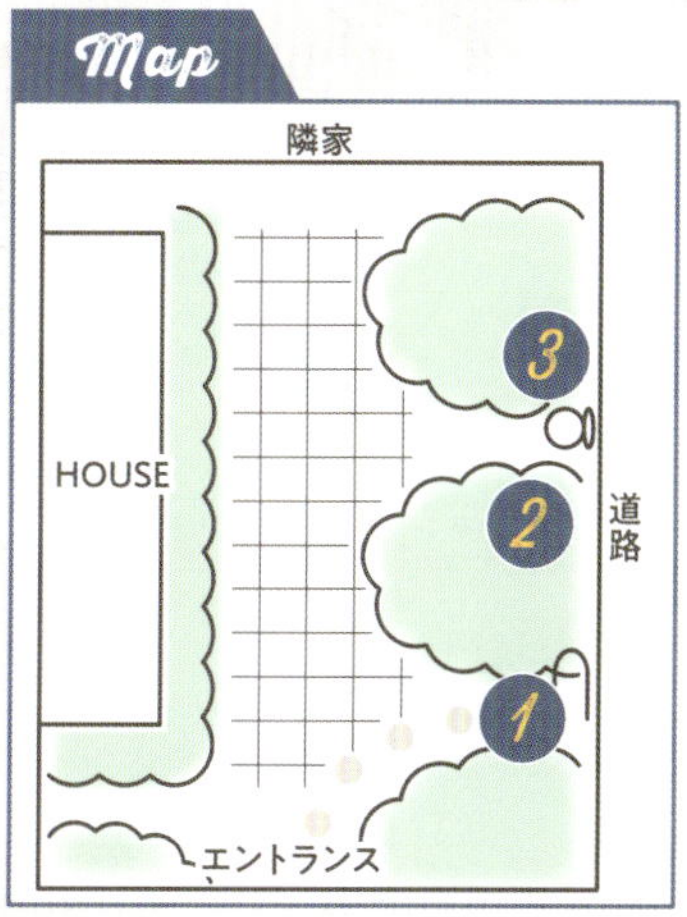

3 小道の先に作ったのは
絵になる美しいシーン

アイアンのフェンスとチェアで作ったフォトジェニックなコーナー。足元を明るく彩るのは、這うように横に伸びるヒメフウロソウ（3）やエゴポディウム‘バリエガータ’（4）。なるべく地面が見えないように、こんもりと仕立てています。「生長がゆっくりな宿根草の間に、生長の早いオルラヤなどの一年草を取り入れると、ぐっとボリュームアップさせることができますよ」。

一年草 ラークスパー

ヒメフウロソウ（宿根草）

エゴポディウム‘バリエガータ’（宿根草）

白花に合わせたのは、斑入りのエゴポディウム‘バリエガータ’やシルバーリーフのアサギリソウなど色のトーンを合わせたリーフ。色の多色づかいを避け、ぐっと絞り込むことで統一感のあるシーンが生まれます。さらに後方にはバラ‘シュネーケニギン’やシロバナシモツケなど、草丈のあるもので高低差をつけ、立体感のある花壇に仕上げました。

遠藤さんのお庭の
Plants List

A バラ‘シュネーケニギン’
B シロバナシモツケ
C レンゲローズ

▼宿根草
D シロバナシラン
E セラスチューム
F アサギリソウ

華やかさを
加えたいなら

宿根草×バラ

上品なバラに宿根草を添えて描く洗練されたローズガーデン

――埼玉県・飯嶌邸

玄関前のヤマボウシに絡ませたつるバラ‘ピンクサマースノー’が満開を迎えて。丈夫なうえ、ほとんどトゲがなく扱いやすいのでお気に入りのバラのひとつ。

バラ'レオナルド・ダ・ヴィンチ'

アンバーボア'デザート スター'
（宿根草）

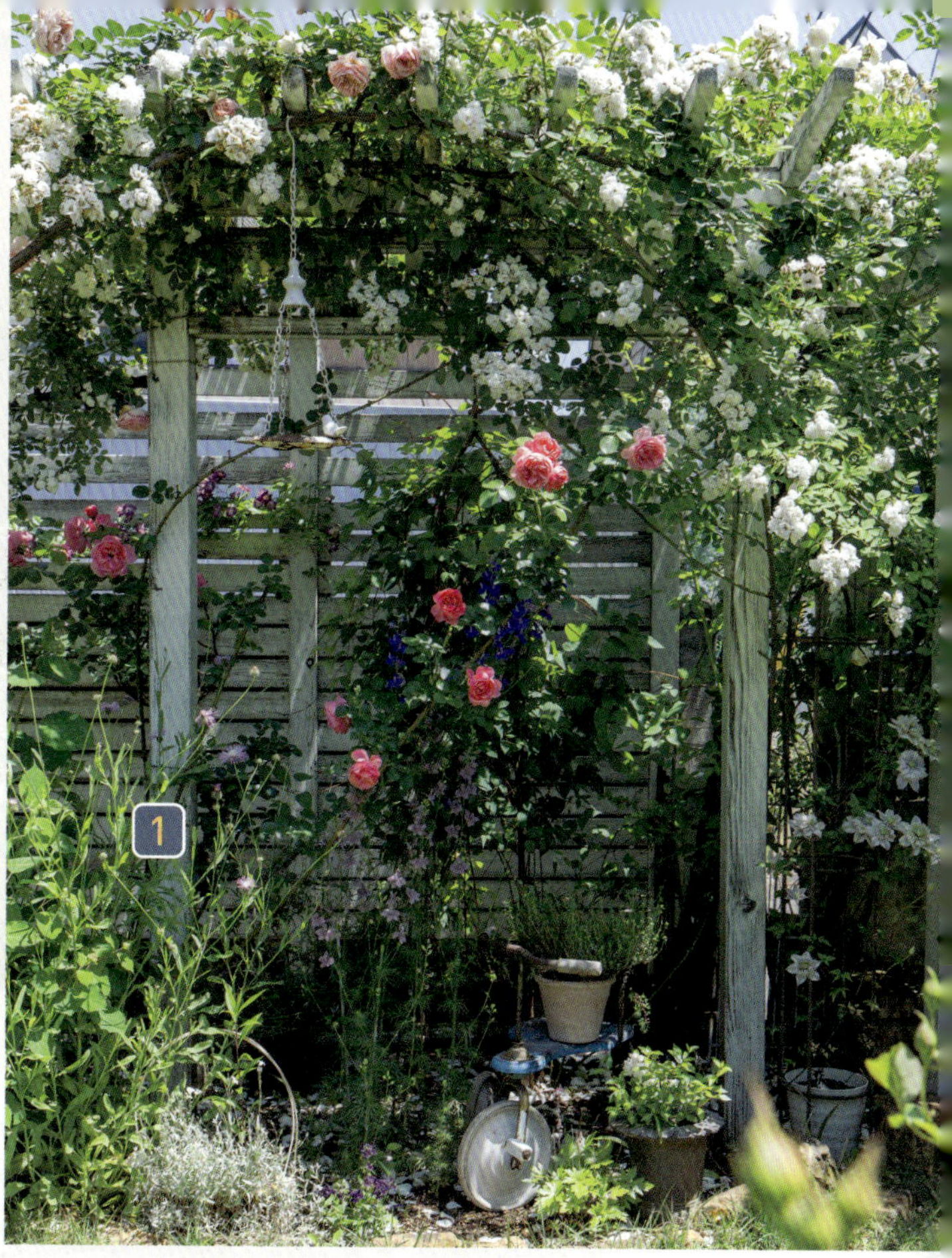

1

パーゴラに誘引したバラのすき間を植栽で埋め、立体感を演出して

庭の中でも日当たりのよい場所に設置したパーゴラの下には、草丈のあるピンクのアンバーボア'デザート スター'（1）や紫のラークスパーなどを植栽。下草にはシルバーリーフがきれいなセラスチウムを植えてボリュームたっぷりに。曲線的に伸びる濃いピンクのつるバラ'レオナルド・ダ・ヴィンチ'がシーンのアクセントになっています。

かつては和風の庭だったとは思えないほど、ロマンティックなバラで彩られる飯嶌さんの庭。自分で育てたバラを部屋に飾ってみたいと思い、本格的にガーデニングを始めました。庭のベースは施工業者に依頼しましたが、植栽は自己流でどこに何を植えるか、どんなバラを選ぶのかなど庭全体が調和するよう意識して植えています。

また、場面の切り替えに大きな役割を果たす構造物がいくつかありますが、特に気を配っているのが植栽とのバランス。「バラを誘引するアーチやフェンスなどの足元はどうしても寂しくなりがち。宿根草や一年草で間を繋ぎ、シーンとしてのインパクトが出るようにしています」と飯嶌さん。バラと宿根草がお互い引き立つように、花色や草丈を計算しながら組み合わせを楽しんでいます。

バラは鉢のまま数年育てて、株が育ったら地植えに。株が小さいうちは、花色や大きさがしっくりくる位置でしばらく楽しむのも飯嶌さん流。

2 構造物やバラの足元には同じトーンの花色を選ぶ

庭の一角には白いパーゴラとベンチを配して、憩いのスペースに。2種類のバラを誘引し、手前には鉢植えのバラも配置してバラに囲まれたシーンを描いています。和バラ‘凜’の横には同色のフランネルソウ（2）やティアレラ（3）を添えて統一感を。白を基調にしたコーナーが完成しました。

バラ‘ギーサヴォア’

バラ‘凜’

バラ‘コーネリア’

バラ‘ジャクリーヌデュプレ’

フランネルソウ（宿根草）

ティアレラ（宿根草）

「こぼれ種で殖えるオルラヤは、わが家では日陰だと草丈が高くなり、日なたでは低く育ちます。下草としてそれぞれ違った表情を見せているところにも面白みがありますね。」

シダ（宿根草）

オルラヤ（一年草）

エリゲロン（宿根草）

宿根リナリア（宿根草）

3

地面が見えないよう グラウンドカバーを充実させる

毎年こぼれ種であふれるように咲くオルラヤは、宿根草のように重宝。草丈があるので空間の繋ぎ役にして、足元にはシダ（4）を植えてなじませています。自生するシダは必要に応じて残したり、排除してバランスを取る工夫を。小道の境目には小花が愛らしいエリゲロン（5）を這わせるほか、宿根リナリア（6）が顔を出すなど、整えすぎない自然味あふれる植栽が魅力です。

4

和のシーンを盛り上げる 赤バラと宿根草選びに注目

庭の奥には蔵があり、ここだけはと残しておいた和のスペース。真っ赤な小輪のつるバラ'紅玉'を選び、蔵の壁に張りめぐらせたフェンスに枝を誘引しています。手前にはフェイクの井戸を設置。空間にマッチするよう赤いギョリュウバイでスパイスを加え、アジサイ アナベルのグリーンでなじませるなど味わい深いシーンに。井戸の枡には土を入れ、ツタバウンラン(7)を這わせています。

ツタバウンラン(宿根草)

バラ'紅玉'

「和の庭には赤い小輪のバラが合うのよ」と飯嶌さん。丈夫で扱いやすく、コロコロとした可愛らしいカップ咲きの花形が、しっとりとした雰囲気に絶妙にマッチしている。

シックな色のフェンスの下には、日陰でも育つ宿根草を植栽しています。さらに上部には枝垂れるように咲くつるバラ‘群舞’が旺盛に咲き誇り、下草との見事なバランスを表現。バラと宿根草を組み合わせることで日陰にも見ごたえをプラスした、にぎやかな演出が素敵です。

飯嶌さんのお庭の Plants List

- A つるバラ‘群舞’
- B ガクアジサイ

▼ 宿根草

- C シダ
- D ヒューケラ
- E ペンステモン‘ハスカーレッド’
- F アリウム コワニー

憧れのオープンガーデン

宿根草で作る庭の魅力を探るために、
瑞々しいグリーンや鮮やかな花々で彩られた
憧れのオープンガーデンを訪ねました。
敷地の広さや形、日当たりなど
庭の条件はさまざまですが、
素敵なシーンを作るための、
具体的なヒントが詰まっています。

open garden

01

エリアごとに趣の異なる量感たっぷりの植栽を背景に絵になるシーンを連ねた庭

――愛知県・黒田邸

黒田さんのお庭を訪ねたのは、草花もバラも一年で一番イキイキと咲き誇り、美しい景色を描く5月の初旬。イングリッシュガーデンをお手本に作った庭は、元々はガソリンスタンドだった場所。そこに今ではイングリッシュローズとオールドローズが、なんと合わせて約１２０本！ 季節の草花や瑞々しいリーフなどが加わり、ボリューム、色合わせ、草丈などが完璧なまでにデザインされた庭が広がります。庭のポイントは、その季節の一番美しいシーンを楽しむことに焦点を合わせて

以前ガソリンスタンドを経営していた場所に作ったとは思えないほど、植物いっぱいの庭。地下のタンクをツルハシで掘り起こし、たくさんの土を入れて整地した。

テマリシモツケ‘ディアボロ’

高温多湿地域では スリット鉢が活躍

高温で蒸れてしまい夏越しが難しい植物は、鉢植えに仕立ててそのまま花壇に置いたり、寄せ鉢で観賞して夏前には鉢ごと涼しい場所へ退避するなどの工夫も。排水性のよいスリット鉢なら根腐れせずに安心です。根が鉢底から出て根を張らないかどうか、注意しながら管理しましょう。

レーマニア

イキシア

ゲラニウム

サルビア ネモローサ
‘カラドンナ’

植物を上手に育てるコツは、「植性を勉強してから自分の庭で試してみること。失敗を繰り返しながら庭づくりを楽しんでいます」と黒田さん。

宿根草の取り入れ方 **Point**

- **耐暑性、耐寒性に弱い植物は、移動できるよう鉢で管理する**
- **バラやアーチの足元にはグラウンドカバーとして取り入れる**

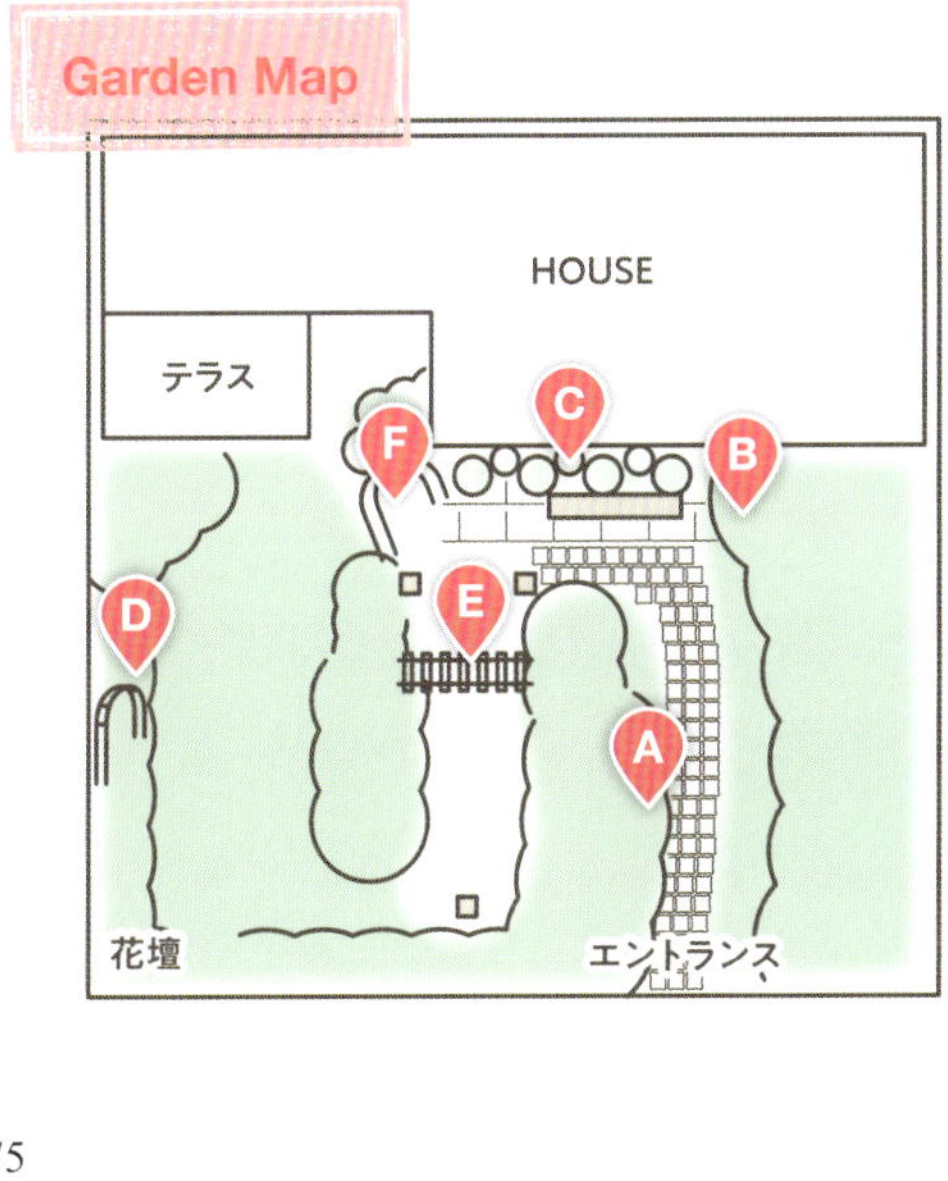

いること。素敵なシーンを作るための工夫や抜群のセンスをご紹介します。

日差しが届かない場所には
日陰で育つ宿根草やカラーリーフを

赤い扉をアイキャッチに、大型のパーゴラをDIYで設置。高い位置につるバラの‘ポールズ ヒマラヤンムスク’を、パーゴラの下で日陰になる場所には、ギボウシやジキタリスの鉢を配して、涼感あふれる絵になるスポットに。

左／キノコ型のユニークな置物は、保存庫の基礎に使われていたアンティークのネズミ返し。後方には小輪のバラ‘ニューサ’を植栽している。野バラのような愛らしさで、リーフが多いコーナーに彩りを添えて。右／紫葉が美しいテマリシモツケ‘ディアボロ’。開花すると白い花が咲き、葉色とのコントラストを楽しむことができる。足元にはウチワのような葉のヒマラヤユキノシタをグラウンドカバーとして取り入れ、地面とうまく繋いでいる。

色や質感の異なるリーフにより、日陰でも見ごたえのあるコーナーは、よくみると全て鉢で管理されている。隣り合う葉の重なりを計算し、グリーンの中に銅葉のペルシカリア‘レッドドラゴン’を引き締めプランツとしてプラス。空間をキリリと引き締めている。

マネしてみたい！

夏越し、冬越しができるよう 地植えにこだわらず、寄せ鉢を活用する

窓辺を彩るのは、大株に育つギボウシを中心に、黄葉のタイツリソウや斑入りのノリウツギなど日陰でも育つリーフたち。高低差をつけて寄せ鉢にすることで立体感が生まれています。見ごたえがあり毎年お気に入りのシーンなのですが、この地域は高温多湿のため、地植えはもちろん、鉢もそのままにしておくと夏越しできずに株が弱ってしまうことも。鉢で育てることで適所へ移動させることができ、夏越し、冬越しの管理が可能に。大切な宿根草たちを毎年楽しめるのでおすすめです。

高低差を生かした ダイナミックな花壇

草丈のあるものでまとめた花壇には、2m以上の高さまで育つアリウム‘サマードラマー’やトリトマ、チドリソウなどインパクトの強いものを植栽しています。支柱を立てなくても倒れてこないのは、植物同士がお互い支え合うよう、密に植え込んでいるから。一年草など花が終わったものはこまめに抜き、宿根草は切り戻して風通しよく管理することが大切です。また、肥料の与えすぎはNG。徒長して倒れることもあるので、注意しています。

アンティークのレンガや敷石で表情豊かに

歩きやすさと水はけを考慮して作った園路は、セメント工場からもらってきたレンガや敷石を、コツコツと敷き詰めてDIYしたもの。奥庭へと誘うパーゴラの手前には、宿根草を寄せ植えにしたコンテナをシンメトリーに配置。目線をぐっと高く上げています。

シンメトリーに配置したコンテナの足元に植えたのは、コンパクトな草姿と白花が愛らしい、宿根草のドワーフコンフリー ヒッドコートブルーと、小型の球根アリウム ロゼウム。丈夫に育つので、グラウンドカバーとしても重宝する。

ドワーフコンフリー ヒッドコートブルー

アリウム ロゼウム

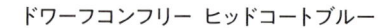

バラ×宿根草で描く、絵になるシーン

アーチと壁面に誘引したのは小輪のツルバラ、メイ クイーンとロサ ムリガニー。バラの足元には、這うように伸びるフロックス ピロサをグラウンドカバーに利用し、日陰にはアスチルベを植栽。一年草のオンファデロスも組み合わせ、ボリュームたっぷりに彩っています。

フロックス ピロサ

アスチルベ

オンファデロス

赤い扉や松ぼっくりのオーナメントなど、目を引くアイテムは、空間のアクセントとして効果を発揮。より印象的なシーンを生み出してくれる。足元は斑入りのアマドコロで明るく彩って。

open garden
02

条件や環境に合う植物を厳選し美しく華やぐシーンを描いて

――愛知県・内田邸

住宅街の一角、比較的コンパクトな内田さんの庭。中心に花壇を設けて、回遊しやすいようデザインを。もともと畑だった場所なので土壌はよく、たくさんの植物が旺盛に育っている。

バラ好きが高じて20年ほど前から庭づくりを始めたという内田さん。バラだけを育てるのではなく宿根草や一年草も取り入れ、ナチュラルなシーンを描いたり、バラが咲いていない季節も草花を楽しんだりと、さまざまな見せ場を作っています。見どころが凝縮されている内田さんの庭ですが、南向きで日当たりがよすぎるゆえの悩みもあったのだそう。そこであえて日陰を作ることで植栽できるものを増やしたり、直射日光に強い植物を選ぶなどして条件を克服。みずみずしいグリーン

自宅で英会話の教室を開いている内田さん。庭の植物を通して生徒さんたちとコミュニケーションを取れるのも楽しみのひとつ。

宿根草の取り入れ方Point

- ■あえてシェードガーデンを作り、日陰で育つ植栽を楽しむ
- ■限られたスペースで数種類を育てたい場合は鉢で生長をコントロールする

Garden Map

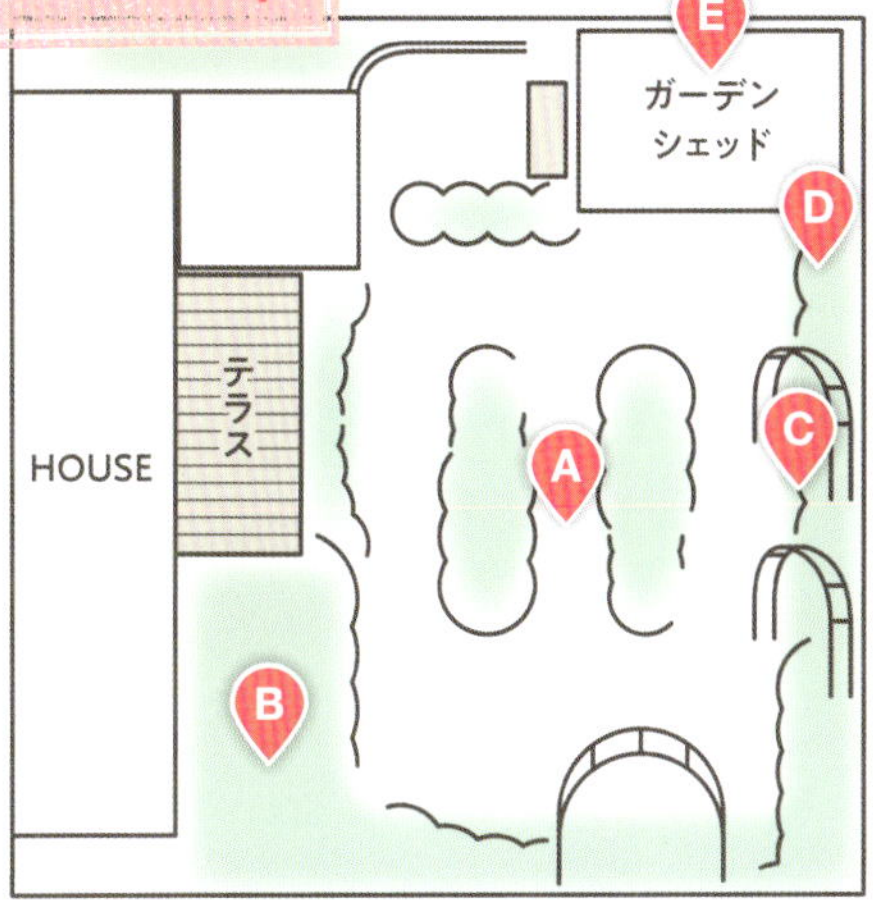

駐車場に面した庭への入り口。通りからの目隠しの役割も担う、ツクシイバラとジキタリスを生け垣がわりに植栽している。

夏の日差しにも負けない植物選びがポイント

直射日光の当たるテラスの前は、比較的暑さに強いアメリカコデマリ‘マゼルトブラウン’やトサミズキなどを植栽して涼感いっぱいに。低木も大きくなりすぎないよう、鉢のまま花壇に植え込み、根の発達を制限して育てています。

トサミズキ

アメリカコデマリ
‘マゼルトブラウン’

いっぱいの庭に仕上がりました。

日当たりがよすぎる庭は 日陰を作ってシェードガーデンに

マネしてみたい！

植物が育つために必要な日当たりも、よすぎると切実な悩みに。そこでウッドフェンスを設置したほかネグンドカエデを植栽し、あえて日陰を作りました。植栽は、直射日光に弱いヤマアジサイや半日陰を好むリーフ類を組み合わせ、適度なボリューム感で涼しげに。日陰だと葉色が美しく、またコンパクトに仕立てられるのもシェードガーデンならではの魅力です。

「シェードガーデンで活躍するアジサイは、ヤマアジサイの方が育ちがよいですね」と内田さん。イカリソウやミヤコワスレなど、楚々とした雰囲気の植物を選んで植栽。

リクニス

ペンステモン
'ハスカーレッド'

クロバナフウロ

ヤマアジサイ
'渥美の桜姫'

豊かな緑でカバーして清々しさをプラス

レンガの花壇の縁取りを彩る、洗練された印象のグラウンドカバーには、シルバーレースとフラミンゴセリを選択。斑入りの葉が明るさをもたらしてくれます。

目線を集めるフォーカルポイント

庭の奥には重厚感のあるレンガづくりのガーデンシェッドが。ガーデンツールや資材などを保管するだけでなく、植栽を際立たせる背景としても効果的です。シンボルツリーのイギリスナラを植えて庭と調和させたシーンを楽しんでいます。

狭い場所でもたくさんの植物を育てるためのひと工夫

宿根草は大きく育って嬉しい反面、生長しすぎて圧迫する一面も。限られたスペースで楽しむ場合にはある程度生育を調整する必要があります。肥料を控えめにするほか、春先には切り戻しをこまめに行うなどのお手入れも大切。また巨大化してしまう宿根草や低木、バラなどは地植えにせず鉢のまま植え込んで育てるなどの工夫をしています。

ギボウシ

オオデマリ メリーミルトン

大好きなつるバラ トレジャートローブを這わせたいと、知り合いの大工さんにお願いして作ってもらったガーデンシェッド。グリーンの中に垣間見られる赤い扉がアクセントに。

背景と庭を緑で繋いだ自然美あふれるナチュラルガーデン

―― 愛知県・渡辺邸

周囲に遮る建物がなく、広大な敷地に広がる渡辺さんの庭は、日当たり、眺望のよさからガーデニングを楽しむにはもってこいの場所。一方で風の通り道になるため、なるべく草丈の低いものを選んだり、目線をストップさせる構造物を取り入れたりするなどの工夫も。「ガーデンシェッドやパーゴラを取り入れると空間にメリハリが生まれ、立体的な景色を作ることができます」。宿根草は銅葉や赤紫系、オーレア系といったリーフのほか、バラや樹木の下草として取り入れることが多い

10年ほど前からオープンガーデンを始めた渡辺さん。多肉植物のワークショップや、陶芸で作った雑貨の販売など幅広く活躍中。

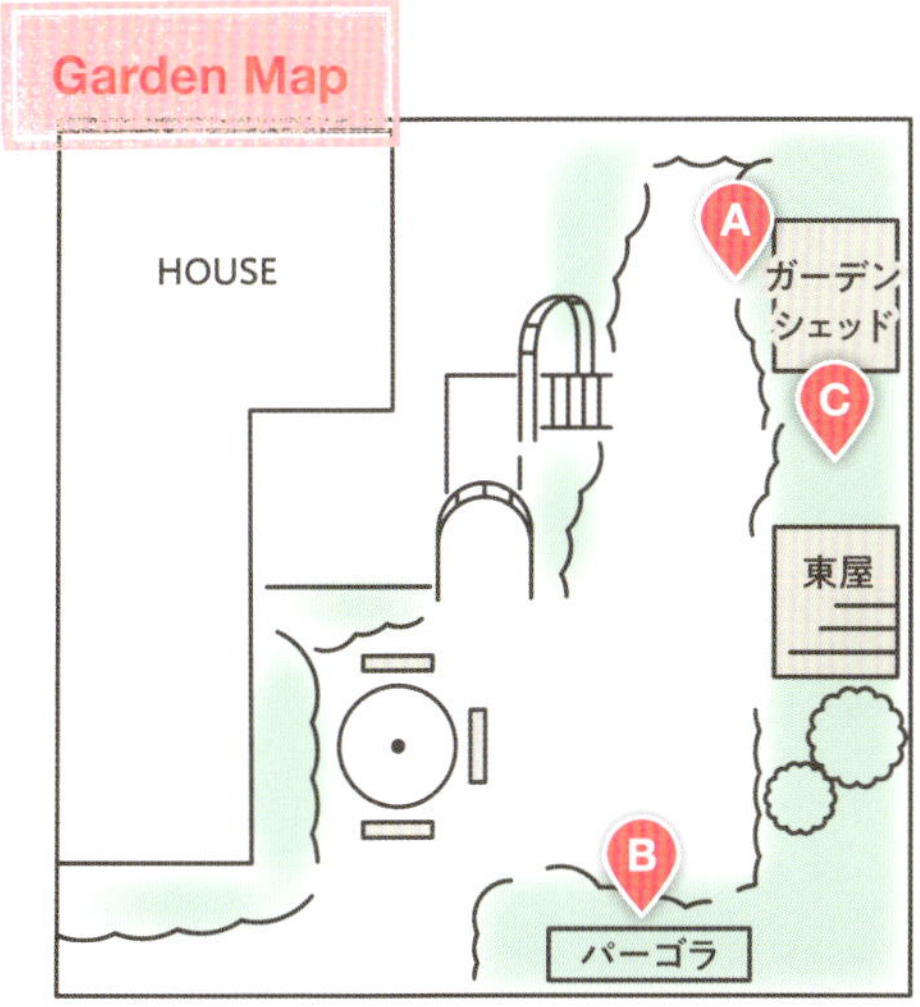

宿根草の取り入れ方Point

- 風の通り道には草丈の低いものを選ぶ
- 明るい葉色のリーフや低木を取り入れる

庭の前には一面牧草地が広がり、見晴らし抜群なロケーション。大きく生長したシンボルツリーのシマトネリコで目線をストップさせて。

マネしてみたい！

単調になりがちなシーンにはオーレア系のリーフや低木で明るさをプラスする

ガーデンシェッドの入り口を飾る花壇は、シモツケやタンジーのライムグリーンのリーフを入れることで一気に華やかに。ボリューム感も加わり見飽きない景色になっている。

と渡辺さん。また、土をなるべく見せないようにするため、横に広がって伸びるグラウンドカバーも積極的に取り入れて植栽を充実させました。

シモツケ

バラ‘フレーズ’

タンジー

サルビア リラータ

シンボルツリーのシマトネリコやアカシア ブルーブッシュの根元には、キャットミントやオレガノ、斑入りのミズヒキなどをグラウンドカバーに採用して瑞々しさをアップ。さりげなく木製のラダーを立てかけて、印象的なシーンに。

構造物×植栽を駆使し 次々とシーンを展開させる

庭のところどころにある構造物は、ご主人がDIYで作ったもの。パーゴラやガゼボなどをフォーカルポイントとして配置し、いくつものシーンを展開することで単調に見えないよう工夫しています。パーゴラの手前はバラと宿根草を組み合わせたボーダー花壇に。手前から後方に向けて徐々に高さを出し、立体的かつ華やかにしています。

クローバー
‘ティントルージュ’

グレビレア
‘ロビンゴードン’

キャットミント

アガスタージュ

植栽のトーンを合わせてコーナーを作る

ガーデンシェッド横の日が当たりにくいコーナーは、日陰向きのリーフが主役。花色は多色づかいせず白花に絞ることで、落ち着いた雰囲気にまとめています。木漏れ日が当たる程度の場所だとオーレアの葉色が映えたり、葉の質感がよくわかったりと、シェードガーデンならではの美しさも引き出すことができます。

まるでブーケのように美しいシックで大人な色合わせ

銅葉のクロミツバと白花のオンファロデスのコントラストを活かして、スパイスの効いたシーンを演出。グリーンあふれる空間をぐっと引き締め、表情のある庭に仕上げています。

カシワバアジサイ
‘リトルハニー’

グラジオラス
‘ピュアベール’

ヒューケラ‘キャラメル’

オニツワブキ

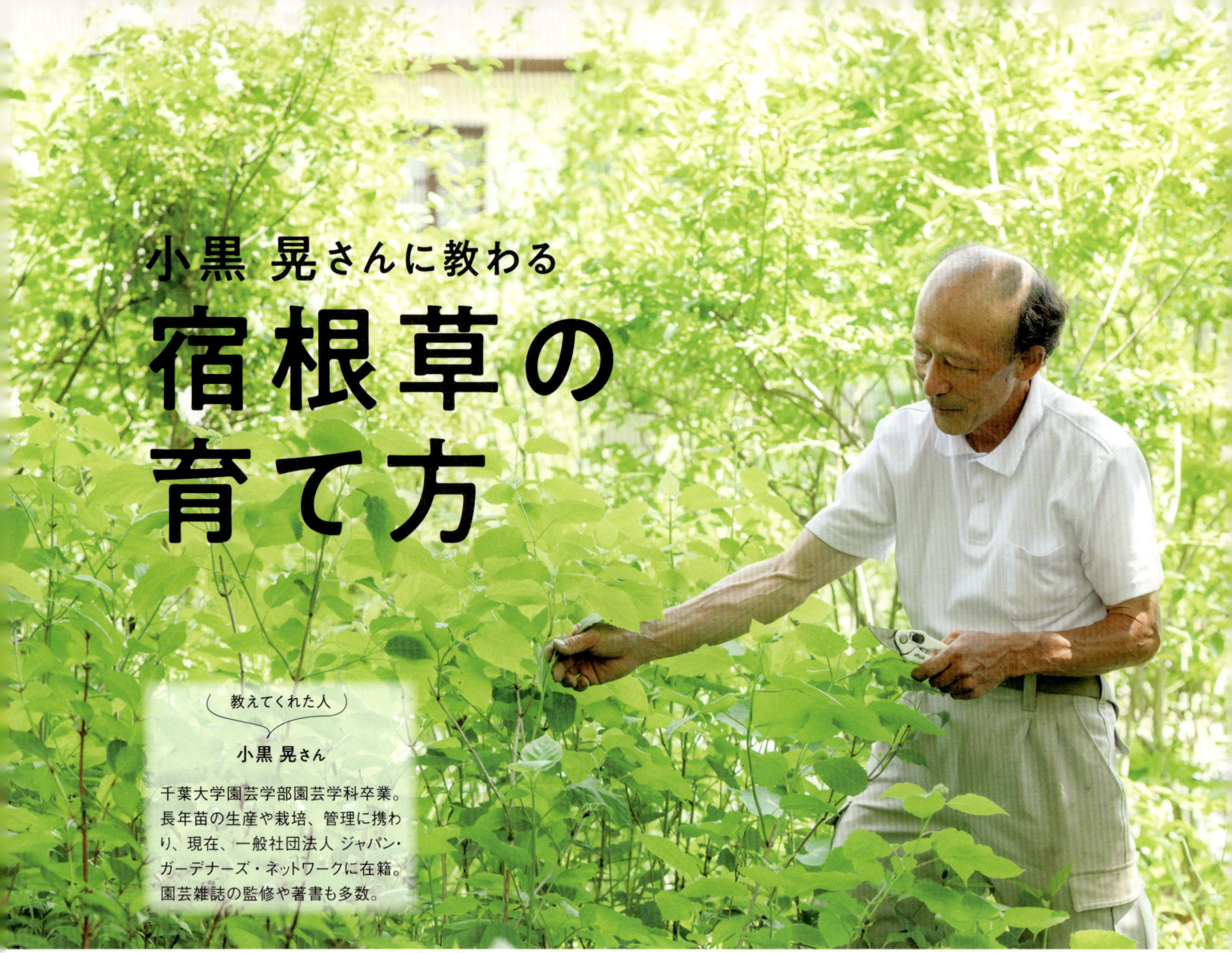

小黒 晃さんに教わる

宿根草の育て方

教えてくれた人

小黒 晃さん

千葉大学園芸学部園芸学科卒業。長年苗の生産や栽培、管理に携わり、現在、一般社団法人 ジャパン・ガーデナーズ・ネットワークに在籍。園芸雑誌の監修や著書も多数。

宿根草いっぱいの庭をつくる

12か月の庭作業カレンダー

庭づくりに欠かせないお手入れや作業を、わかりやすく紹介したカレンダー。草花を育てるためにはタイミングが大切。適切な時期を覚えて作業するようにしましょう。

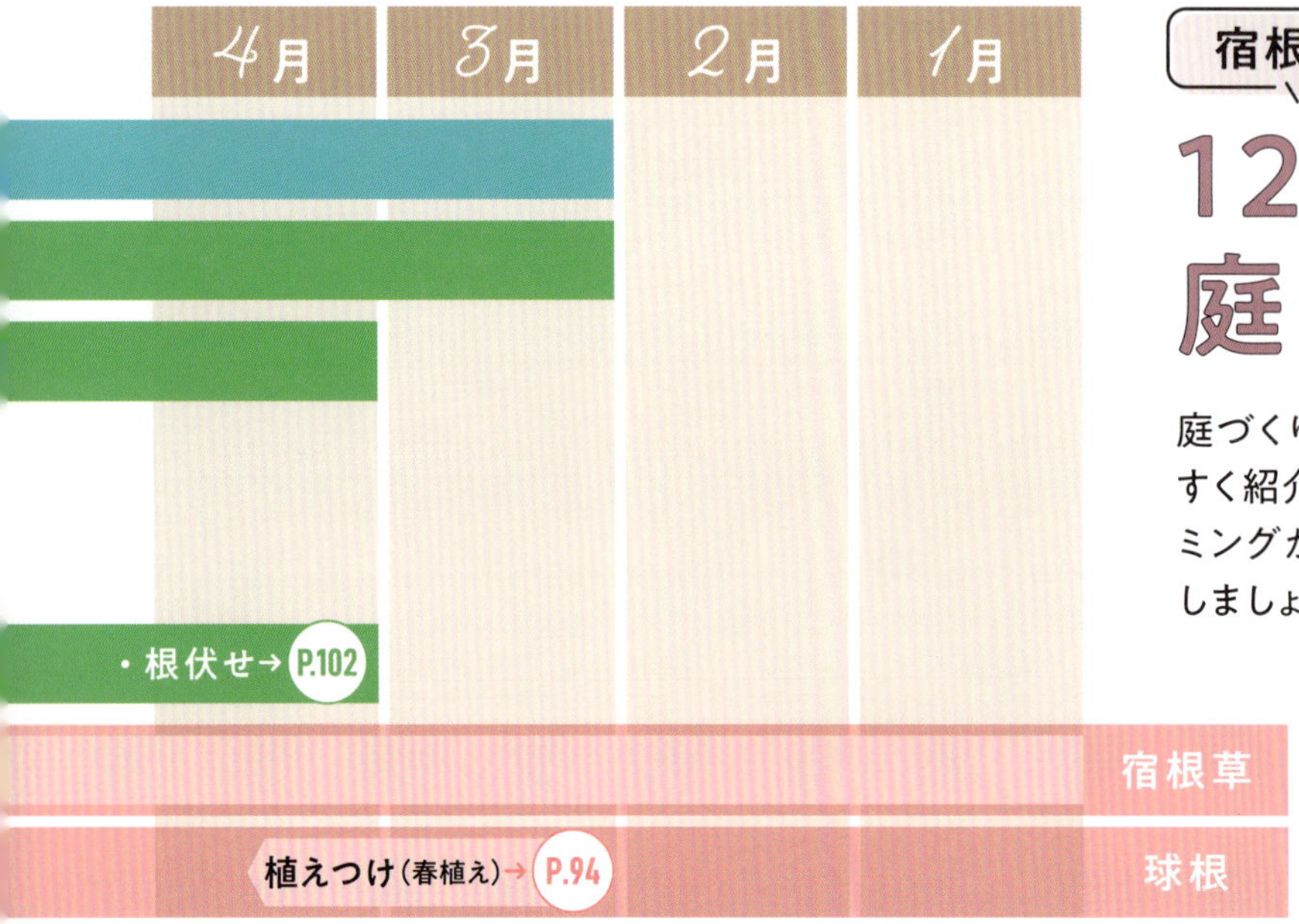

周辺の作業
植物の手入れ
植えつけ

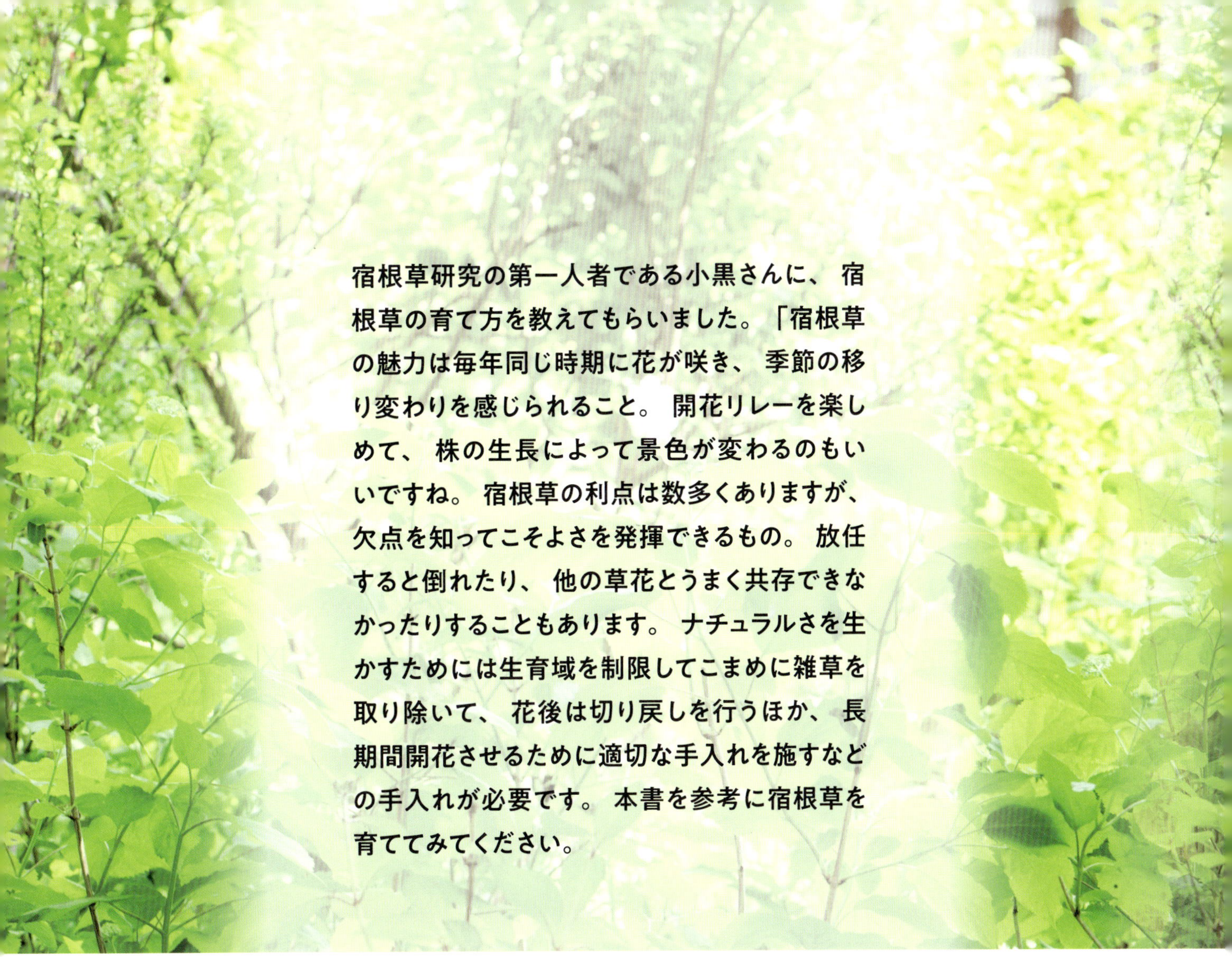

宿根草研究の第一人者である小黒さんに、宿根草の育て方を教えてもらいました。「宿根草の魅力は毎年同じ時期に花が咲き、季節の移り変わりを感じられること。開花リレーを楽しめて、株の生長によって景色が変わるのもいいですね。宿根草の利点は数多くありますが、欠点を知ってこそよさを発揮できるもの。放任すると倒れたり、他の草花とうまく共存できなかったりすることもあります。ナチュラルさを生かすためには生育域を制限してこまめに雑草を取り除いて、花後は切り戻しを行うほか、長期間開花させるために適切な手入れを施すなどの手入れが必要です。本書を参考に宿根草を育ててみてください。

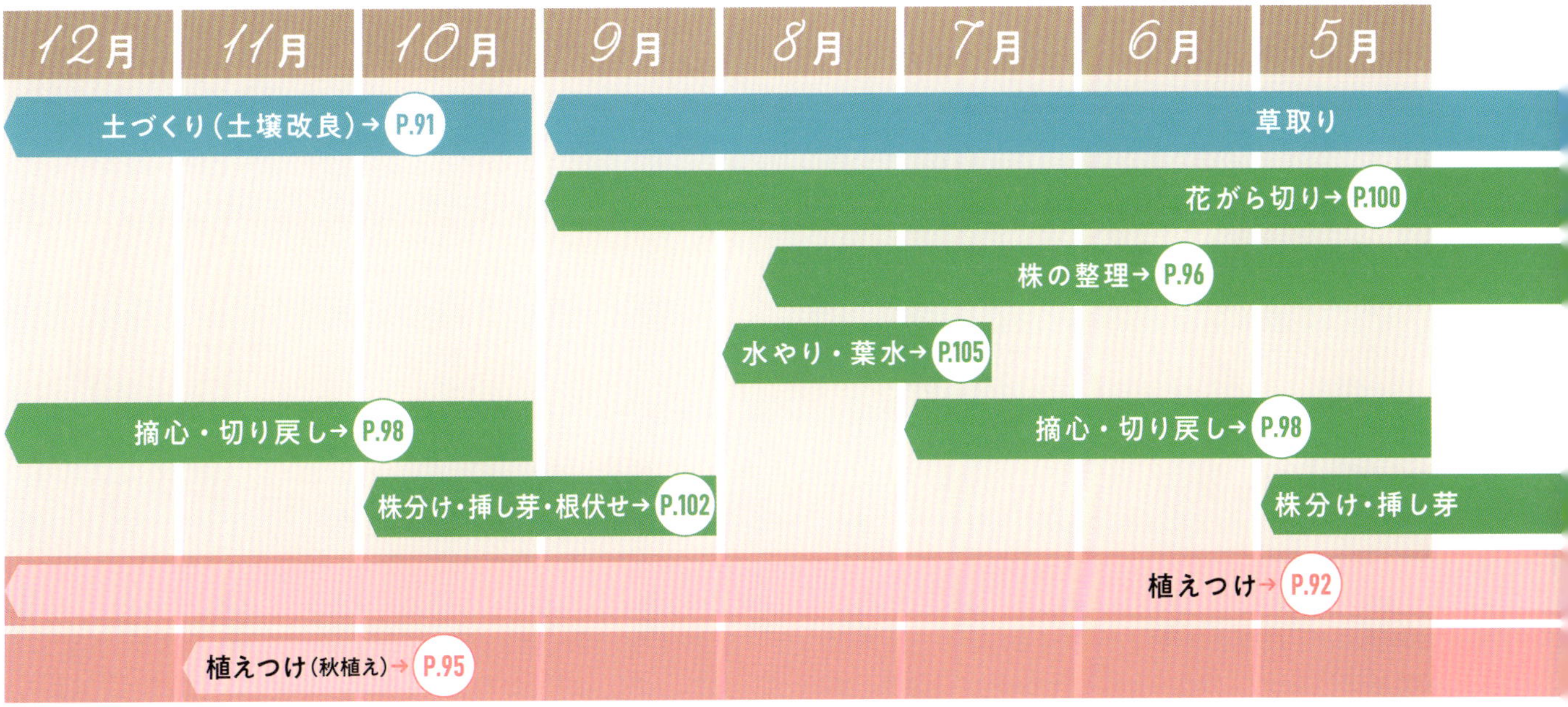

土と肥料

まずは植物を植える場所を整えよう

宿根草の多くは水はけと風通しのよい場所を好みます。株元が暗くジメジメしていると苗が腐りやすく、ナメクジなどの虫や病気の発生も。株元から新芽が展開するので、ある程度の日当たりは必要です。土壌は、肥料よりも排水性の方が大事。肥料は足りない時に与えればよいので、植えつけ時にはあまり必要ありません。肥料を入れすぎず、やせ気味の土を意識しましょう。

基本の土

ここでは植物を育てるために必要な基本の土を紹介します。 それぞれの土の特徴や性質を知って、 庭の花壇や鉢に取り入れてみましょう。

培養土

赤土、鹿沼土、腐葉土などをバランスよく混ぜたもの。草花や野菜など使う用途によって配合は異なる。

鹿沼土《かぬまつち》

赤玉土よりも形が崩れにくく水はけ、保水力の改善に混ぜて使う。過湿や肥料が苦手な植物の植えつけにも。

黒土

枯れ葉や枯れ木などの有機物を多く含む火山灰土。保水性・排水性・通気性・保肥力に優れて清潔。

赤玉土《あかだまつち》

細かな火山灰からでき、粘土質で通気性と高い保水力に優れた土。草花や野菜のほか幅広く使えて万能。

土壌改良材

植物が根を張りやすく育ちやすい環境土壌を調整する改良材。通気性や保水性をよくし、微生物を増やす目的があります。 よく耕すことで空気が入り、 ふかふかな土になります。

苦土石灰《くどせっかい》

カルシウムを多く含み土壌のpHを調整する。植物が強健に生育つよう、酸性土壌を中性域に改良してくれる。

軽石

通気性と排水性を高めて根の生育がよくなる自然素材。断熱性も高いので外気温の変化から植物を守る効果もある。

パーライト

火山岩を加熱し水分を蒸発させた多孔質資材で、通気性、排水性、保水性を改善。非常に軽く、用土の軽量化にも。

腐葉土《ふようど》

落ち葉が微生物などによって分解・発酵したもの。栄養分は少なく、基本の土に混ぜて通気性や保水性を高める。

肥料

早く大きく育てたい、 花をたくさん咲かせたいからといって肥料を与えすぎると、 植物がついてこられなくなります。 宿根草を育てる際、肥料は少しずつ施すことがポイントです。しっかりと根づき、 根が動き出すタイミングで与えましょう。 それよりも早いと養分を吸収できず、 かえって逆効果に。 軟弱な株になってしまうこともあります。

化成肥料

素早く植物に栄養を届けて効果を発揮する化学肥料の一種。葉色が薄いときや、花芽がつくタイミングなどで追肥として使うとよい。

油かす

微生物を活性化させ、土をふかふかにする土壌改良材としても効果的。チッ素を多く含み、枝葉の生育を助ける有機質肥料。

土壌改良

植物を育てるために大切な土壌の整え方を紹介します。

1 雑草や枯れ葉を取り除き土壌を整理する

枯れ葉や枯れ枝、雑草などを抜く。深く掘ると石やゴミが出てくることがあるので取り除いておくこと。土壌は乾いている方が作業しやすい。

2 スコップで掘り起こして土をやわらかくする

スコップの肩が入るまでさし込み、表土が下に、底の方の土が表面に出てくるようにかくはんする。これを繰り返して、花壇全体をまんべんなく掘り返しておく。

3 水はけをよくするため小粒の軽石をまく

宿根草の多くは水はけのよい土壌を好むため、小粒の軽石をまいて水はけのよい土壌に整える。水はけがよい場合はそのままでOK。

4 表土全体に腐葉土をまく

やせた土壌には腐葉土をまいておく。宿根草の多くは水はけがよくやせ気味の土を好むので、肥沃すぎる場合は軽石をすき込んで調整を。

5 最後にもう一度全体をかくはんする

土中と表土の土が均一になるよう、もう一度スコップで全体を混ぜ込んでおく。よく耕してふかふかのやわらかい土壌にしておくこと。

6 植物の生育を左右する土づくりが完成

1週間ほどこのままにしておき、土壌が落ち着いてから苗を植えつける。土づくりは植えかえのタイミングや土が目減りしてきた時などに行うとよい。

植えつけ

一度植えれば植えかえいらず。だからこそ場所選びは慎重に

一度植えれば、何年も植えたままで楽しめる宿根草。ローメンテナンスで育てられる植物が多く、年々大株に育っていくのも魅力です。だからこそ株の生長に合わせた場所選びが大切。組み合わせる植物とのバランスや、植性を配慮して植えましょう。

植えつけは、生育適期や成長期、休眠期に合わせることが理想的です。最近はポット苗を温室で育てることも多いので、実際の気候条件を考慮し、植えつけ時期を見極めるようにしましょう。

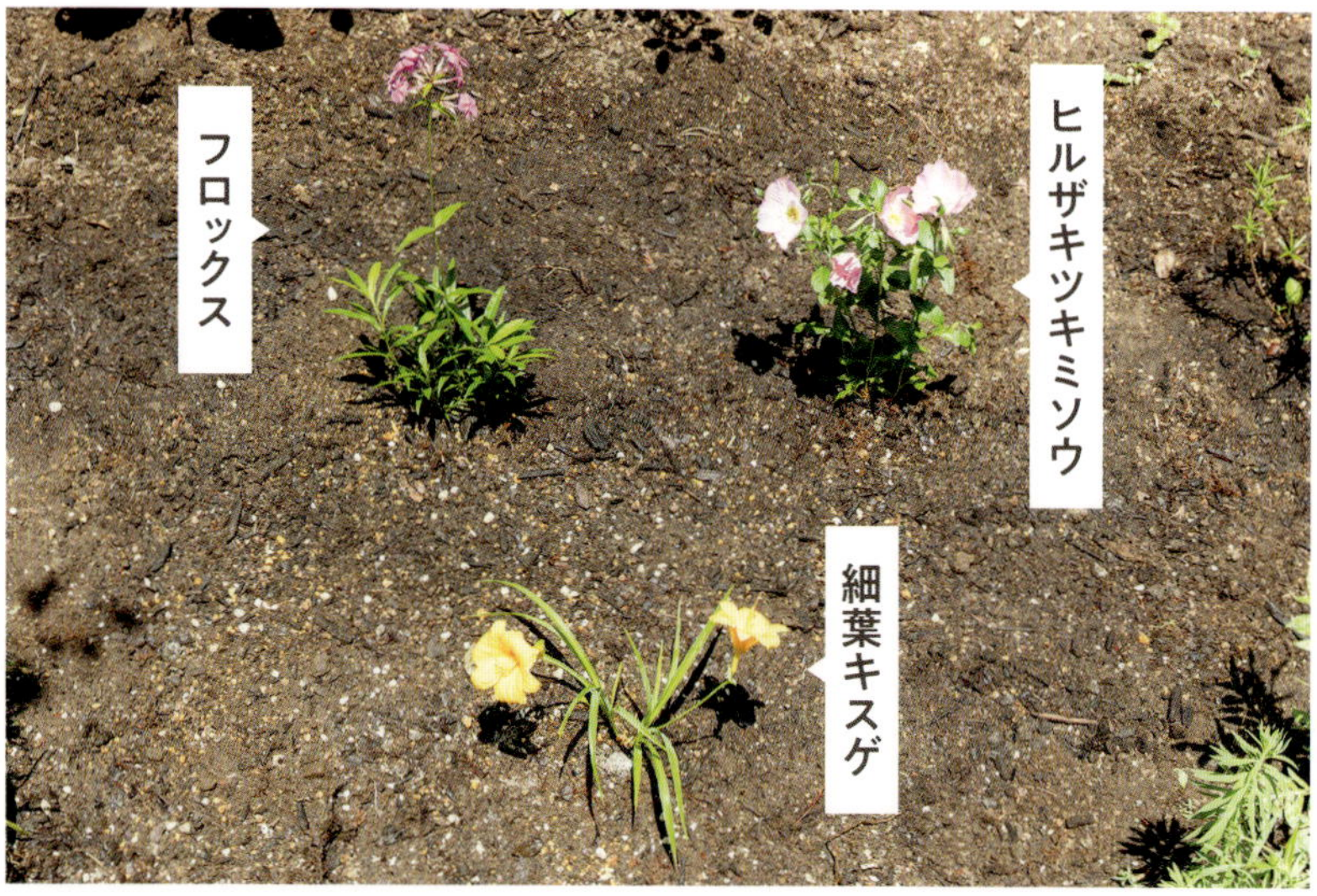

苗の選び方

宿根カスミソウの苗

悪い苗

よい苗

茎が太くしっかりとしていて葉の色が濃いものを選びます。茎や枝が必要以上に間延びしておらず、葉に張りがあり葉数の多いものもよい苗です。反対に茎が細かったり、下葉が枯れてしまっているものは避けること。葉が黄色く変色していないか、虫がついていないかもチェックします。

球根の選び方

ダリアの球根

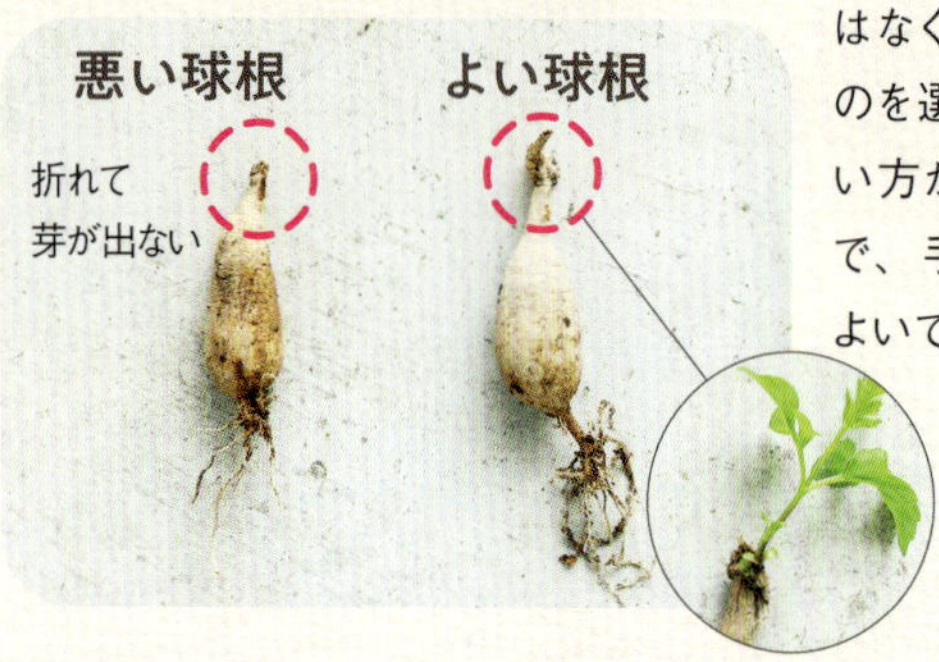

ダリアはこの部分から芽が出る。途中で折れると芽が出ない。

単純に大きいものを選ぶのではなく、硬くてしっかりしたものを選びましょう。ずっしり重い方が養分が詰まっているので、手に取って確認をするとよいでしょう。

苗の植えつけ（フロックス）

ポイントはよい苗を適期に植えつけること。 購入苗を植えるほか、 株分けしたものを植えてもよいでしょう。

1 購入したポット苗を置いてみる

株の生長を見越して苗と苗の間隔をあけ、 ポットのまま配置してみる。 株が生長するまでの間、 すき間が気になる場合は一年草を植えてもよい。

2 苗の取り扱いはやさしく丁寧に

苗を逆さまにしてポットから取り出し、根が混み合っている場合はやさしくほぐしておく。 ほぐしすぎて根を傷めないように注意する。

3 スコップで植え穴を掘る

植えたい場所に根鉢よりもひとまわり大きなサイズの植え穴を掘る。 苗の上部と地面が同じ高さになるよう、 深さを調整すること。

4 植え穴に苗を植える

植え穴に苗を入れ、 **3**で掘った土を戻して植えつける。苗がぐらつかないよう、土と密着させるイメージで、 株元を手で押さえる。

5 植えつけ後はたっぷり水やりを

植え終わったら、根元にたっぷりと水やりをすることを忘れずに。 水やりをすることで根と土が密着し、 その後の生育がよくなる。

6 必要であれば肥料を与える

土の状態次第で、必要であれば肥料を与える。写真の細葉キスゲの場合は、根が横に伸びることを想定し、株元から10cmほど離した場所に置き肥をしておく。

植えつけ（球根）

秋植え球根と春植え球根で、植えつける時期を確認して

翌年また開花させる場合は、花後にすぐ※1お礼肥《れいご》えとして化成肥料を与え、球根を太らせます。梅雨前には掘り上げ、風通しのよい日陰で保存しましょう。

秋植え球根は、本格的な寒さの前に植えつけて根を張らせますが、早く植えすぎると高温多湿で腐ってしまうことも。９月下旬～11月上旬がベストです。春植え球根は、寒の戻りや遅霜の心配がなくなる３月～４月頃が適期。球根は亜熱帯地方原産のものもあり、寒さに弱い性質があるので注意が必要です。

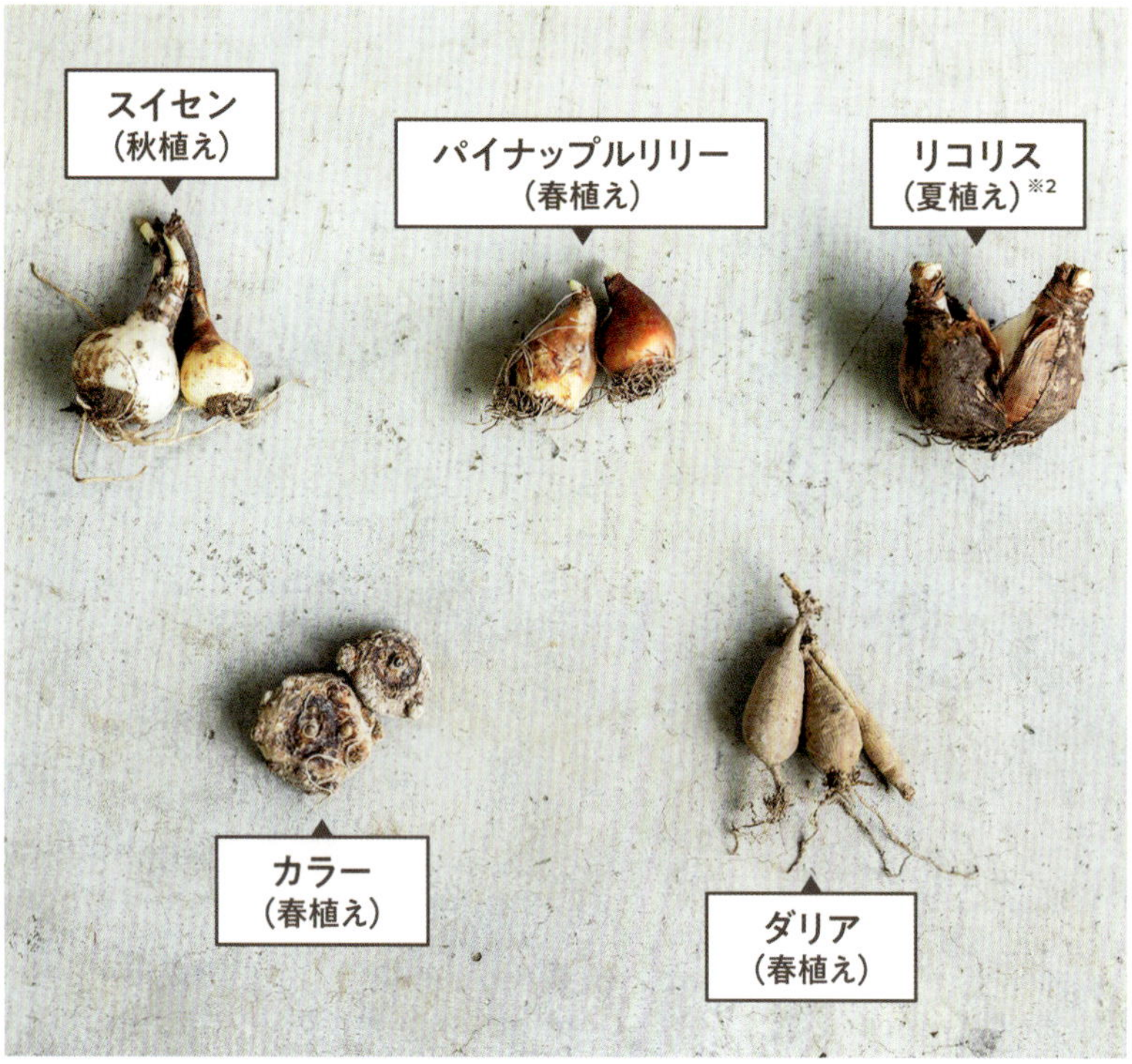

カラー（春植え）の植えつけ

芽の出る向きが分かりにくいカラー。凹凸した方が上側で、ツルツルした方が下側です。球根の上下を確認して植えましょう。

1 球根の上下を確認する

芽の出る向きが分かりにくいカラー。凹凸した方が上側で、ツルツルした方が下側。必ず球根の上下を確認して植えること。

2 植えつけ間隔と深さをチェック

植えつける間隔は球根2個分くらい、球根が隠れるくらいの深さに植え、その後たっぷりと水やりをする。

※1 お礼肥え…開花後に疲れた株を回復させるために施す追肥の一種　※2 夏植え…冬～春に葉が茂り、秋に開花する

スイセン（秋植え）の植えつけ

植えつけの適期は9月下旬～10月上旬。 遅くなると地温が下がり発根が悪くなるので早めに植えつけましょう。

1　植える間隔は広めにあける

数年植えっぱなしにすることも考えて、間隔は10～20cmほどあけておく。深さは球根の大きさ2個分の穴を掘る。

2　芽が伸びる向きを確認して

植え穴に球根を入れる。芽が伸びる向きを上にして置くこと。

3　大雨の後は地面の水たまりに注意

上からそっと土をかぶして植えつける。水はけが悪いと軟腐病が発生しやすいので、水がたまらないよう管理する。

ジャーマンアイリス（秋植え）の植えつけ

植えつけのポイントは、土を高く盛り上げて畝《うね》を作り、球根を横に寝かせて浅く植えつけること。芽が伸びるスペースを十分に設けることも大切です。

1　深植えは腐りやすいので避けること

芽が伸びるスペースを確保して間隔をあける。過湿を嫌うので、球根の半分が土の上に出るように植えるとよい。

2　一年目の株には支柱を立てて誘引を

植えたばかりの株は根張りが十分でないため、強風で倒れてしまうことも。支柱を立てて誘引しておくと安心。

3　やせ地でない限り肥料は控える

肥料の与えすぎは病気が発生する原因に。一年目は株が茂って花も咲かせてくれるので、よほどのやせ地以外は必要ない。

株の整理

植えっぱなしを保つには多少の手入れも必要

植えたままの状態を保つため、生長を観察しながらの手入れが必要ですが、葉が茂った場所では手入れもしにくく、株の状態も把握できません。作業スペースを確保するためにもすき間を作っておきましょう。

また混み入った株は中が蒸れてしまい、病害虫が発生する原因にも。そのため、ある程度生長したら、株の整理が大切になります。病害虫対策のほかにも、株の整理は翌年の花芽を促す効果もあります。

葉の刈り込み（タカノハススキ）

大きくなり過ぎるのを防ぐため葉の刈り込みを。 刈り込む時期が遅れると、穂が出ない場合もあるので5～6月に1回、 刈り込むようにしましょう。

1

手に負えなくなる前に葉を整理しておく

大型に育つタカノハススキ。このまま放置すると穂が出なくなり、観賞価値が下がってしまい、通路の妨げにもなる。

2

大きさと形を維持するため新芽が出る前に刈る

5～6月頃に根元からばっさり刈っておく。こうすることで、また新芽が上がってくる。

3

見た目のよさに加え病害虫も回避する

通路の妨げになる場所だけを刈り終えたところ。こうすることで株元にまでよく日が当たるほか、風通しがよくなり蒸れの心配もない。

植えかえ（ユウゼンギク）

親株から伸びた地下茎に若芽が出てくると、混み入ったり、草丈が高くなったりして倒れてくる心配も。 植えかえて株を整えましょう。

1 梅雨前には間引きをする

強健で旺盛に育つユウゼンギク。倒れたり蒸れたりするので、梅雨前に根から株を抜いて間引き、株間をあけておく。

2 上部をカットして新たな場所へ植え直す

高さを3分の1程度残して、上部をカットする。カットし終わったら土壌に穴を掘って移植する。

3 3年に一度は植えかえを

植え終わったらたっぷりと水やりを。地植えの場合は3年に一度のタイミングで植えかえを行うとよい。

葉のカット（ヤマブキショウマ）

放置しておくと次々に茎葉が伸びて密集してきます。 全体的なバランスを見ながら、 自然な樹形に仕上げましょう。

1 新芽を促すためにも葉を少なくする

明るい日陰でも育つヤマブキショウマ。高さがあるので、軽めの剪定は必要。春～初夏に行うと新芽が出やすくなる。

2 花後に枯れた花茎や密集箇所を間引く

枯れた枝や混雑した箇所の葉茎を中心に間引く。こうすることで風通しがよくなり健全に育つ。

3 コンパクトな樹形に整える

草丈が抑えられて、自然な樹形に整えられた様子。コンパクトでありながら、魅力的な樹形を維持できる。

摘心・切り戻し

花を長期間楽しむための「摘心」と「切り戻し」

芽の先端を摘み取ると、その下の節から脇芽が出て枝が殖え、花数を増やすことができます。この作業を「摘心」といいます。一方、「切り戻し」はもう一度花を楽しむために、花後の枝をカットする作業。どちらも株を仕立て直すことで、株全体がこんもりと茂り、長期間花を咲かせることができます。また、花を咲かせながら生長する宿根草は、放っておくと伸びすぎて倒れる心配も。摘心や切り戻しを行って美しい見た目を保ちましょう。

摘心（宿根アスター）

茎や枝の先端の芽を摘むことで脇芽が促され、再び開花します。植物によっては二番花、三番花を楽しめます。

1　開花前の6月に摘心をして枝数を増やす

秋咲きの宿根アスターは、6月頃に摘心をして枝数を増やしておくと、倒れにくく、こんもりとした株に仕立てられる。

2　先端の芽をカットする

先端の芽をカットすると、その下の節から脇芽が出てくる。生育の早いものはもう少し下の方でカットしてもよい。逆に遅いものは上の方で切る。

3　高さを抑えたい場合は切り戻しをしてもOK

高さがある場合は、思い切って全体の3分の1を残してカットする。こうすると株元から元気のよい新芽が出てくる。

4　日当たりのよい場所で管理する

株元にまでしっかりと日に当てながら、風通しのよい場所で管理すると、秋にはこんもりと茂り、株全体に花が咲く。

切り戻し（ベロニカ）

花後に再び花を咲かせるための作業。咲き終わった茎や枝をカットすると、切り取った下から脇芽が育ち、 再び開花します。

1　花が終わった直後に切り戻す

花穂が咲き終わり、伸びきった株（左）。花が終わった直後に切り戻しを行う。

2　切る場所は新芽のすぐ上

長く伸びた茎は、小さな芽が出ているすぐ上で切り戻す。高さを揃え、こんもり仕上がるようイメージを。切れ味のよいハサミを使うこと。

3　すっきりとコンパクトに

切り戻しをすることで根元にも日が当たり、生長が促されて再び開花を楽しめる。

4　株がリセット! 秋には再び開花

ばっさりと切り戻す方が花つきがよくなる。切り戻し後は水やりをして管理し、株分けをしたい場合はしてもOK。

這って広がったものの切り戻し（アジュガ）

秋以降の新芽の生長を促します。 特に地植えの場合は株が広がり過ぎないよう、 定期的に切り戻すとよいでしょう。

1　切り戻しの適期は花の咲き終わった後

花が終った後から初夏にかけて切り戻しをする。株の消耗を防ぐためにも早めに行うとよい。

2　花の終わった茎はつけ根で切り取る

開花後は株全体が乱れてきて見映えも悪くなる。茎を株の根元で切り取り、株姿を整えるのがポイント。

3　生長をコントロールし新芽の促しも狙う

蒸れやすい夏の前に切り戻すと、株の中心の枯れこみ防止に。繁殖域を抑制し、秋以降の新芽も殖やすことができる。

花がら切り

花の健康を維持して花つきをよくする

花が終わったあとでも、散らずにそのまま残っている花がらは、残しておいても見映えが悪いだけではなく、新たな花がつきにくくなったり、病気やカビが発生する原因に。花後はハサミで早めにカットしておきましょう。

花がら切りは、植物によってカットの仕方を変えるのがおすすめ。ここでは茎の中心から花茎が伸びるタイプと、花茎が枝分かれして複数出るタイプの花がら切りについてご紹介します。

茎の中心から花茎が伸びるタイプ（ミニダリア）

茎の中心から花茎を伸ばすタイプは、開花が終わったものを1輪ずつカットします。脇芽を促すことで茎数が増え、たくさんの開花を楽しめます。

1

花がらがついたままでは見映えも花つきも悪くなる

ミニダリアのような花姿のものは、花がらが目立ちがち。こまめに花がら切りをした方がよい。

2

1輪ずつ丁寧に花がらを切ることがポイント

咲き終わった花がらは、花茎のつけ根をハサミでカットする。こうしておくことで横から脇芽が出て、再度開花を楽しむことができる。

3

こまめなお手入れが長期間、花を楽しむ秘訣

すべての花がらを切り終わってすっきりきれいな状態。たっぷり水やりをして、日当たりのよい場所で管理を。

花茎が枝分かれして複数出るタイプ（ガウラ）

ガウラのように次々に開花し、また開花期の長いものは、花がらをばっさりと一気には切らずに、咲いている花を楽しみながら花がらを切ります。

穂状に小花がたくさんつき、こぼれ種でもよく殖えるため、ナチュラルガーデンにはぴったり。風に揺れる姿はまるで白い蝶を思わせて何とも美しい。

1

次々に咲くので こまめにカットを

開花後3日ほどで枯れてしまうガウラ。一方で花芽が多く、次々と咲くので長く楽しめる魅力も。

2

花茎のつけ根から カットする

草姿を生かしながら、花の終わったもの、倒れてきているものを切って、真っ直ぐに伸びているものは残すように切る。

3

タイミングをずらして 開花を楽しむ

全部カットすると寂しくなるので、切るタイミングをずらして切ると開花を楽しみながら次の花芽も促せる。

数年経った株は 思い切って 切り戻しを

数年経って株全体が大きく茂ったものは、一度地際で一気に切り戻しましょう。夏の暑さがひと段落したころが適期。草丈の半分ほどの位置までを目安に切り戻しをすると、その後の花つきがよくなります。

宿根草の殖やし方

殖やすだけでなく株をリフレッシュさせる目的も

宿根草は株で殖えますが、種類によってその殖え方はさまざまです。どのような形で殖えていくのかを見極めて作業しましょう。また株を殖やすということは、単純に植物を殖やすだけではなく、株を更新して生長を促す目的も。株をコンパクトにして栽培環境をよくするためにも行うとよい作業です。植物の種類にもよりますが、休眠期である秋から春が適期なものがほとんど。タイミングを見て作業しましょう。ここでは株分け・挿し芽・根伏せでの殖やし方について解説します。

挿し芽で殖やす（ミヤコワスレ）

花後に切り戻した茎で殖やせる挿し芽は、一番手軽に殖やせる方法。草花だけでなく庭木も含めて多くの植物で行えます。

1 挿し芽の作業適期は秋もしくは春〜梅雨

花が終わったあとのミヤコワスレ。挿し芽の適温は15〜25℃。挿し穂が腐りやすい夏や、活動が鈍る冬を除いて行う。

2 若くて元気な茎を挿し穂にする

挿し穂には勢いのある充実した茎を選ぶ。生育途中などで切り戻した茎なども、挿し穂として利用できる。

3 発根しやすいよう余分な葉を取り除く

茎先を10cmほどの長さにカットし、下葉は取り除き挿し穂にする。葉のつけ根に生長点があり、約1ヶ月で発根する。

4 1本の茎から5本の挿し穂が完成

3でカットした挿し穂は、まだ発根していないため有機質が含まれる用土に挿すと腐りやすいので注意。

5 肥料分のない清潔な土※に挿し穂を挿す

ここではパーライトを使用。割りばしなどで穴をあけながら、節の下まで埋めるようにして挿す。

6 水をたっぷり与えて半日陰で管理を

挿し芽後は受け皿に水を溜めて乾かさないこと。強風を避けて発根までは半日陰で管理し、発根後は日なたへ移す。

※ほかにも肥料分のない土で適しているのはバーミキュライトや鹿沼土などがある

株分けで殖やす（ヒメシャガ）

株分けは大きく生長した株を、根がついたままいくつかの株に分けること。
地中に根を張る宿根草であれば、ほとんどの植物で行えます。

1 生長した株を小さくする

十分に生育したヒメシャガの株をポットから出し、株を小さく分けて植えかえる。必ず根がしっかりと回っている状態かどうかを確認して株分けをすること。

2 根鉢が固い場合はハサミを使用

根鉢は手で裂ける場合もあるが、写真のようにかなり根が回ってしまっている状態で、なかなか裂けない場合は、ハサミを使って根を切り分ける。

3 株の中心から手で2つに割る

根がある程度ほぐれてきたら、茎のつけ根のあたりから縦半分に分割する。

4 半日陰に置いて養生させる

分けた株はそれぞれ別の鉢に植えつける。植えつけ後は、しっかり根づくまで1週間は風通しのよい半日陰で管理する。水は適度に与えること。

地下茎や根で殖やす（ヒルザキツキミソウ）

根が伸びて、途中から芽吹くタイプは、伸びた地下茎や根から新しい子株が土の上に出てくるので、この子株を株分けして殖やします。

1 根をほぐして株を分ける

鉢から株を抜き、根をほぐしながら、地下茎でつながっている子株をハサミなどで切り分ける。

2 根から不規則に出る不定芽《ふていが》※をカットする

地下茎から不定芽が出ていたら、不定芽の根をカットする。この芽でさらに新しい株を作る。

3 根づくまではしっかり水やりを

切り分けた株は新芽のついたまま、不定芽は根がしっかり隠れるようにそれぞれ植えつける。

※不定芽…茎の先端や節以外の部分から不規則に出る芽のこと

根伏せで殖やす（エキノプス）

株分けや挿し芽などで殖やすことが難しいものは、 根伏せで殖やします。
切り取った根から発根、 発芽させて新しい株を作ります。

1 直根性植物は根伏せで殖やす

直根性植物のほか、株分けが難しいものや種から育てるのが困難な植物にも有効。

2 植えかえのタイミングで作業するとよい

根伏せの適期は春と秋。太く真っ直ぐ真下に伸びる根を切って使う。根が細い場合は、なるべく根を長めに切って使うとよい。

3 太い根をハサミで短くカットする

2の根は、ハサミを用いて5～10cmほどに短く切る。

4 切り取った根は横向きに寝かせる

カットした根は、そのまま土の上に横にして置く。赤玉土など、排水性の高い土を選ぶとよい。

5 上から土を薄くかぶせる

根が隠れる程度に薄く覆土をする。その後は直射日光を避け、明るい場所で管理をする。

6 切り口から芽が伸びる

切り口から芽が伸びてきた様子。しっかりと根を張るまでは鉢の中で育てる。

ランナーで殖やす（アジュガ）

親株から伸びたつるの先に子株ができ、 発根して殖える植物がありますが、 そのつるをランナーと呼びます。 春の花後に作業した場合は、 秋までには発根するので、 それを土壌に植えかえるようにしましょう。

1 子株を移植する

ランナーの先に子株ができている。この子株をハサミで切って、庭や鉢に移植して殖やす。

2 根づくまでは乾かさないこと

子株を赤玉土など、保水力に優れた土に植えつける。植えつけ後は、乾燥させないように水やりを。

水やり

庭植えでは基本的に水やりは不要

地植えで宿根草を育てている場合の水やりは、基本的には必要ありません。夏季に厳しい乾燥が続く場合以外は、雨水だけで問題なく育ちます。ただし、植えつけ直後は根が定着するまでたっぷりと水やりをするようにしましょう。鉢植えの場合は、土の表面が乾いたらたっぷりと水を与えます。過度な水やりは根腐れの原因となるので、定着後は控えめにすることがポイントです。

左／鉢植えの場合は、葉や花に直接水が当たらないよう、株元に与えること。土の表土が乾いたら鉢底から水が流れ出るくらいたっぷりと。　右／地植えとして庭に植えつけた時には、根づくまでたっぷりと水を与える。泥水の跳ね返りで病気が発生しやすくなるので、ジョウロの先にはノズルを付けた方がよい。

元気がない！と思ったら

植物が夏バテしてる、弱っていると感じたら、液体タイプの活力剤を水で希釈して与えてみましょう。即効性があり、必要な養分を行き渡らせることができます。植物に普段の水やりをする要領で、週に1回程度与えましょう。

葉水の与え方

アジサイなど水を好む植物は、水切れを起こすと株が弱ったり、枯れたりしてしまうこともあるので注意が必要。葉がしおれかけている時などは、夕方に水を与えるようにしましょう。また夏はハダニがつく心配もあるため、ホースを上向きにして葉裏から葉水を与えてもよいでしょう。

Plants Catalog
品種カタログ

数多くの品種が揃う宿根草は、選ぶだけでもひと苦労。ここではおすすめの宿根草の選び方や性質について解説しています。日当たりや環境、スペースなど、異なる条件に対して、自分の庭にはどんなものを取り入れればよいのか、植栽選びや組み合わせ方の参考にしてみてください。

植物監修：小黒晃

カタログの見方

アスクレピアス チューベローサ

品種名

初夏から初秋にかけて、星型で可愛いオレンジ色の集合花を咲かせる。丈夫で育てやすく、極寒地を除き庭植えでも越冬できる。

キョウチクトウ科

草丈	50～70cm
開花期	6～9月
適地	●
耐寒性	★★★★☆
耐暑性	★★★★★

適地

☼…日陰（直射日光が当たらない場所）

◐…半日陰（日中2～3時間日の当たる場所）

●…日なた（日中のうち半日以上日が当たる場所）

草丈

植物の地上部の高さのこと。地際から先端までの高さを示しています。

開花期

植物の花が咲く時期を示しています。
※開花せず葉を楽しむものは「観賞期」として表記しています。

耐暑性

植物が高温や暑さに耐えられる性質のことで、夜間の温度が25℃以上の環境に1カ月おいても開花する性質を耐暑性が強い、枯れると耐寒性が弱いと表現する。
★の数が多いほど耐暑性が強いことを示しています。

耐寒性

植物が低温に耐えられる性質のことで、寒冷地では越冬できる性質があると耐寒性が強い、越冬できないと（暖地を除く）耐寒性が弱いと表現する。
★の数が多いほど耐寒性が強いことを示しています。

※開花期、耐寒性、耐暑性はお住まいの地域、環境、条件によって異なります。

Plants Catalog

四季を彩る おすすめの宿根草

春の訪れを感じる花から、鮮やかな彩りを添える夏の花、しっとり落ち着いた秋の草花まで、育てやすいおすすめの宿根草を紹介します。草丈や色合わせなどを楽しみながら組み合わせてみましょう。

アスクレピアス チューベローサ

初夏から初秋にかけて、星型で可愛いオレンジ色の集合花を咲かせる。丈夫で育てやすく、極寒地を除き庭植えでも越冬できる。

キョウチクトウ科

草丈 50～70cm

開花期 6～9月

適地 ☀

耐寒性 ★★★★☆

耐暑性 ★★★★★

アストランチア'ローマ'

丈夫で生育が早いため、初心者にもおすすめ。明るいピンクの花弁は花持ちがよく、欧米のガーデンでも人気のある品種。

セリ科

草丈 50～70cm

開花期 6～10月

適地 ◐ ☀

耐寒性 ★★★★★

耐暑性 ★★★☆☆

アルストロメリア

※耐寒性、耐暑性は品種により差があります

カラフルな花色が多く、花弁にはスポット(斑点)が入りどこかエキゾチックな雰囲気。花つき、花もちもよく、長期間花壇を彩る。

ユリズイセン科

草丈 10～100cm

開花期 5～7月

適地 ◐ ☀

耐寒性 ★★★☆☆

耐暑性 ★★★☆☆

アガパンサス

白晃蘭《びゃっこうらん》
※半耐寒性

ムラサキクンシラン
※半耐寒性

プルートベール
※耐寒性が強い

大型〜鉢でも育つ小型種までさまざまな品種揃い、花形も星型、ラッパ状などバラエティーに富む。優雅な立ち姿と涼感のある花色が人気。

※耐寒性は品種により差があります

ヒガンバナ科（ネギ科、ユリ科、ムラサキクンシラン科で分類される場合もあります）
耐寒性 ★★★★☆
草丈 30〜100cm
開花期 5〜8月
適地 ☀
耐暑性 ★★★★★

エキノプス

葉茎の先端に、ボール状の花を咲かせる、存在感のあるフォルムが特徴。ブルーの花色が爽やかで、葉はアザミに似てとげがある。

キク科
適地 ☀
草丈 60〜150cm
耐寒性 ★★★★★
開花期 6〜8月
耐暑性 ★★★★★

イソギク

丸みのある黄色の小花がポンポンと咲き、葉は白く縁取られる。細い地下茎を四方に伸ばして年々大株に育つ。

キク科
適地 ☀
草丈 20〜40cm
耐寒性 ★★★★★
開花期 10〜12月
耐暑性 ★★★★☆

エキナセア

シャイアンスピリット

ハニーデュー

グリーンエンジェル

中心部が球状に大きく盛り上がる個性的な見た目で細長いグリーンの花弁と花芯が特徴。花びらは徐々に白っぽく変化する。

キク科
開花期 6〜8月
耐寒性 ★★★★★
草丈 30〜100cm
適地 ☀
耐暑性 ★★★★★

カエンキセワタ

別名ライオンズイヤー。細長いオレンジや白花を輪状に咲かせ、花や蕾はビロード状の毛で覆われる南アフリカ原産の半常緑小低木。

シソ科
草丈 200～300cm
開花期 10～12月
適地 ☀
耐寒性 ★★★★☆
耐暑性 ★★★★★

オシロイバナ

夕方から開き翌日の午前中にはしぼむ、爽やかな香りの一日花。種から簡単に育つため、一年草扱いされることも多いが本来は宿根草。

オシロイバナ科
草丈 30～100cm
開花期 6～10月
適地 ☀
耐寒性 ★★★☆☆
耐暑性 ★★★★★

ゲラニウム

エスプレッソ

ダルマチカム

種類豊富な宿根草のひとつで性質もさまざま。多くは株立ちになり、花茎が分枝しながら花が咲く。越冬させると株が充実する。

フウロソウ科
草丈 30～50cm前後
開花期 4～6月
適地 ◐
耐寒性 ★★★★★
耐暑性 ★★☆☆☆

コレオプシス

クランベリーアイス

デザートコーラル

花数も多いので、群植させるとボリューム感たっぷりに。花色が多く、開花期が長いのも魅力で、種類により一年草扱いするものも。

キク科
草丈 20～100cm
開花期 5～10月
適地 ☀
耐寒性 ★★★★★
耐暑性 ★★★★★

宿根アスター

アイデアル

ジョリージャンパー

楚々とした印象を持つ小輪の花が無数に咲くタイプが多い。草丈が高くなると倒れやすいので、切り戻して管理すること。

キク科
草丈 30〜150cm
開花期 8〜11月
適地 ◐ ☀
耐寒性 ★★★★★
耐暑性 ★★★★★

キルタンサス

真っ直ぐ伸びる茎の先に、細く筒状でラッパのような形の花が次々に咲く。植えっぱなしでも手間がかからず、冬花壇の彩りにぴったり。

ヒガンバナ科
草丈 20〜50cm
開花期 12〜2月
適地 ☀
耐寒性 ★★★☆☆
耐暑性 ★★★★★

クレマチス'カートマニー ジョー'

一般的なクレマチスに比べるとつるの伸びが遅く、鉢植え向き。常緑品種で、春に小輪の花が咲き、花つきは抜群によい。

キンポウゲ科
草丈 30〜60cm以上
開花期 4〜5月
適地 ◐ ☀
耐寒性 ★★★★☆
耐暑性 ★★★☆☆

宿根フロックス

ムーディーブルー
※春に開花する

パニキュラータ

一年草または宿根草扱いで種類が多い。いずれも花は美しく観賞価値があり、宿根タイプは初夏〜秋に開花する。

ハナシノブ科
草丈 20〜100cm
開花期 5〜9月
適地 ◐ ☀
耐寒性 ★★★★★
耐暑性 ★★★★★

チェリーセージ

赤や白、紫、複色など豊富な花色が揃う。丈夫で数年経つと株元は木質化する。枝が混み合ってきたら切り戻して整える。

シソ科

草丈 40〜100cm

開花期 6〜11月

適地 ☀

耐寒性 ★★★☆☆

耐暑性 ★★★★★

パイナップルセージ

夏から秋にかけて、広がった枝の先に赤い穂状の花を咲かせる。甘い香りのする葉は、時々思い切って切り込むとよい。

シソ科

草丈 60〜120cm

開花期 9〜11月

適地 ◐ ☀

耐寒性 ★★★☆☆

耐暑性 ★★★★★

ツルバキア ビオラセア

アガパンサスを小型にしたような草姿で、すらりと伸びる花茎の先に花をつける。春から秋遅くまで咲き続けて花壇を彩る。

ネギ科

草丈 30〜60cm

開花期 5〜10月

適地 ◐ ☀

耐寒性 ★★★☆☆

耐暑性 ★★★★★

ジギタリス

ベル型の花を穂状につけ、草丈は100cmを超えるものが多く存在感抜群。半日陰でも育つが、耐暑性はやや弱い。

オオバコ科

草丈 50〜80 cm

開花期 6〜7月

適地 ◐ ☀

耐寒性 ★★★★★

耐暑性 ★★★☆☆

ストレリチア レギナエ

ストレリチア属の中でよく栽培されている品種。インパクトの強い極楽鳥に似た美しい花を咲かせ、濃い緑色の葉を扇状に広げる。

ゴクラクチョウカ科

草丈 60〜120cm

開花期 5〜10月

適地 ◐ ☀

耐寒性 ★★☆☆☆

耐暑性 ★★★★★

ソリダゴ‘ファイヤーワークス’

草丈は高く、株立ちに育つ。黄色のふわっとした花穂を水平に伸ばし、開花後は重さで枝垂れる。大株に育てると見ごたえ十分。

キク科

草丈 60〜120cm

開花期 9〜11月

適地 ◐ ☀

耐寒性 ★★★★★

耐暑性 ★★★★★

バーバスカム

チャイキシー
シックスティーン
キャンドルズ

フェニセウム

大型～小型まで300種ほどある中の数種類が主に流通している。ひとつの花の寿命は短いが花数が多く、長い穂に次々と花を咲かせる。

ゴマノハグサ科
草丈 10～200cm
開花期 6～7月
適地 ☀
耐寒性 ★★★★★
耐暑性 ★★★★★

ハナトラノオ

繁殖力が旺盛で地下茎を伸ばして殖える。ピンクの花は群れるように咲き、日なた～日陰と場所は選ばないが乾燥には注意する。

シソ科
草丈 40～100cm
開花期 7～10月
適地 ☼ ◐ ☀
耐寒性 ★★★★★
耐暑性 ★★★★★

デルフィニウム

花穂の長いものや一重、八重咲きなど種類は豊富。本来宿根草であるものの、暖地では夏超しができず一年草扱いにもなる。

キンポウゲ科
草丈 20～150cm
開花期 5～6月
適地 ☀
耐寒性 ★★★★★
耐暑性 ★☆☆☆☆

トウテイラン

トラノオの仲間で、主に秋に開花するベロニカ。花穂が伸びる個性的な草姿で、シルバーリーフと青花の対比が美しい。

ゴマノハグサ科
草丈 約50cm
開花期 8～10月
適地 ☀
耐寒性 ★★★★★
耐暑性 ★★★★★

トリトマ

個性的な花姿でガーデンのアクセントに便利。花茎の先につく花は、下向きに咲く筒状で、先進むにつれて花色が変化する。

ツルボラン科
草丈 60～120cm
開花期 6～11月
適地 ☀
耐寒性 ★★★★★
耐暑性 ★★★★★

ヘレニウム

暑さに強く、夏の花壇を明るく彩る。草丈が高くなり枝分かれして花を咲かせるので、花壇に植えるとボリューム感を出せるのも魅力。

キク科
草丈 60〜120cm
開花期 6〜10月
適地 ◐ ☀
耐寒性 ★★★★★
耐暑性 ★★★★★

ビデンス

別名ウィンターコスモスと呼ばれ、小さく愛らしい黄色や白の花を咲かせる。強健でやせ地でもよく育ち、開花期間も長い。

キク科
草丈 10〜100cm
開花期 5〜1月
適地 ☀
耐寒性 ★★☆☆☆
耐暑性 ★★★★★

ヘメロカリス‘ゴールデンゼブラ’

濃く明るい黄色の花で、葉には白い斑が入る。草丈は低い矮性種なので、下草やグラウンドカバーにも。株分けで殖える。

ツルボラン科（ワスレグサ科）
草丈 30〜100cm
開花期 5〜8月
適地 ◐ ☀
耐寒性 ★★★★★
耐暑性 ★★★★★

ポテンティラ レクタ

清楚な白い小花を次々に咲かせ、グラウンドカバーにも。開花期は花茎が高く伸びるが、それ以外は這うような草姿で生育する。

バラ科
草丈 30〜40cm
開花期 4〜7月
適地 ◐ ☀
耐寒性 ★★★★★
耐暑性 ★★★★★

ホソバウンラン

黄色のキンギョソウに似た花を咲かせる。丈夫な性質で道端でも見かけるなど、野生化していることも多い。

オオバコ科
草丈 30〜80cm
開花期 5〜7月
適地 ◐ ☀
耐寒性 ★★★★★
耐暑性 ★★★★☆

フロミス チューベローサ

エルサレムセージの近縁種で、ピンクの花を段々に咲かせる。草丈も高くなるので、花壇の後方に植えると見映えがよい。

シソ科
草丈 80〜100cm
開花期 5〜7月
適地 ◐ ☀
耐寒性 ★★★★★
耐暑性 ★★★★★

モナルダ プンクタータ

ピンク色を帯びた大きな苞が個性的。花色は黄色で段咲きに咲く。花びらが散った後もガクは残るので長期間楽しめる。

シソ科
草丈 70〜80cm
開花期 6〜9月
適地 ☀
耐寒性 ★★★★★
耐暑性 ★★★★★

ホスタ タマノカンザシ

大型のギボウシの仲間で、一重咲きもある。芳香を放つ純白の八重の大輪花で、耐寒性、耐暑性が強くて丈夫。

ユリ科（※キジカクシ科で分類される場合もあります）
草丈 50〜100cm
開花期 7〜8月　適地 ◐
耐寒性 ★★★★★
耐暑性 ★★★★★

リクニス コロナリア

フランネルソウとも呼ばれ、すらりとした草姿とフェルトのようなうぶ毛に覆われる、シルバーの葉や茎が特徴。花色はピンクや白などが多い。

ナデシコ科
草丈 60〜100cm
開花期 5〜7月
適地 ☀
耐寒性 ★★★★★
耐暑性 ★★★★★

ミソハギ

日本在来の植物。濃いピンクの小花が穂状に咲き、地下茎を伸ばして群生する。湿原や小川の縁などで見かける。

ミソハギ科
草丈 100〜200cm
開花期 7〜9月
適地 ☀
耐寒性 ★★★★★
耐暑性 ★★★★★

ルドベキア フルギダ

地下茎を横に伸ばして殖え、群れるようにして咲く。葉は細長く先が尖った形で、茶〜黒の平坦な形の花頭が特徴的。

キク科
草丈 40〜80cm程度
開花期 7〜10月
適地 ☀
耐寒性 ★★★★★
耐暑性 ★★★★★

ムラサキツユクサ

花色は紫やブルーなど幅広く、大きな3枚の花弁を広げる。次々に花が咲き、こぼれ種でもよく殖えるため初心者でも育てやすい。

ツユクサ科
草丈 30〜80cm
開花期 5〜7月
適地 ☼ ◐ ☀
耐寒性 ★★★★★
耐暑性 ★★★★★

Plants Catalog

小さな庭に合う宿根草

限られたスペースしかなかったり、地植えする場所がなかったり、庭づくりを楽しむ条件はさまざま。ここではコンパクトにまとまる草姿のものや、横に広がらない性質のものをご紹介します。

イベリス センペルビレンス

イベリスは一年草、宿根草の両方ある植物。宿根草は耐寒性があるのが特徴。こまめに花がらを摘むと6月頃まで花が咲く。

アブラナ科

草丈	10～40cm	適地	☀
開花期	3～6月	耐寒性	★★★★☆
		耐暑性	★★★★★

オンファロデス

群れるように咲く小花はカスミソウのような印象。半常緑性で草丈もコンパクトにまとまるので、鉢植えやコンテナの寄せ植えにも。

ムラサキ科

草丈	10～40cm	適地	☼ ◐ ☀
開花期	4～6月	耐寒性	★★★★☆
		耐暑性	★★★☆☆

カラミンサ

淡い花色の小花はミントの香りを漂わせ、群れて咲く。丈夫で育てやすく、翌年にはこんもりと株が茂り、初夏から秋まで花を楽しめる。

シソ科

草丈	15～50cm	適地	◐ ☀
開花期	5～11月	耐寒性	★★★★★
		耐暑性	★★★☆☆

コマクサ

高山植物の女王と呼ばれて知られる。ケマンソウに似た花が咲き、砂や小石で覆われた場所に自生する。

ケマンソウ科
草丈 10～15cm
開花期 5～7月
適地 ☀
耐寒性 ★★★★★
耐暑性 ★☆☆☆☆

キャッツテール

猫のしっぽのようなふさふさとした赤い花穂が印象的で、花壇のほか鉢植えにも向きく。四季咲き性で暖地なら一年中花が咲く。

トウダイグサ科
草丈 10～20cm
開花期 四季咲き性
適地 ☀
耐寒性 ★★☆☆☆
耐暑性 ★★★★★

サルビア（宿根性）

クラリーセージ（二年草）

プラテンシス

ネモローサ

二年草や低木になるものもあるが、その多くは宿根草。日本では9種が自生し、見た目や性質の違いはさまざま。冬越しは地際で切り詰める。

シソ科
草丈 20～160cm
開花期 6～11月
適地 ☀
耐寒性（品種による）
耐暑性（品種による）

シラー ペルビアナ

星型やベル型の花が密集し、房状もしくは穂状に咲く。分球して年々殖え、日当たりを好むが多少日陰でも育つ。

キジカクシ科
草丈 20～30cm
開花期 3～6月
適地 ◐ ☀
耐寒性 ★★★★☆
耐暑性 ★★★★☆

サクラソウ

浅く切れ込みの入った長楕円形の葉を広げ、春には整った一重のピンクや白、赤紫や絞り咲きなどの花を咲かせる。

サクラソウ科
草丈 15～20cm
開花期 4～5月
適地 ☀（夏は日陰）
耐寒性 ★★★★★
耐暑性 ★★★☆☆

テコフィレア

コバルトブルーの発色のよい花で、花の中心は白く、淡い芳香がある。夏の休眠期に水分が残っていると腐りやすくなるので、乾燥ぎみに管理するとよい。

テコフィレア科	
草丈 5〜10cm	適地
開花期 2〜3月	耐寒性 ★★★☆☆
	耐暑性 ★★★☆☆

ジプソフィラ レペンス

夏に星型のような花が咲く。カスミソウの矮性品種でこんもりとマット状※に広がるため、ロックガーデンや花壇の縁取りにも。

ナデシコ科	
草丈 10〜20cm	適地
開花期 4〜6月	耐寒性 ★★★★★
	耐暑性 ★★☆☆☆

トキワシオン

丈夫で花つきがよく、枝全体にびっしりとノギクのような可憐な花が咲く。株立ちになりボリュームが出るので刈り込んで管理を。

キク科	
草丈 30〜60cm	適地
開花期 3〜5月	耐寒性 ★★★★☆
	耐暑性 ★★★★★

セツブンソウ

2〜3月にかけて2cm前後の小さな花を咲かせる。落葉樹の下などに自生するが、球根を鉢で育てることもできる。夏は日陰で管理する。

キンポウゲ科	
草丈 5〜10cm	適地
開花期 2〜3月	耐寒性 ★★★★★
	耐暑性 ★★★☆☆

ナデシコ（ダイアンサス）

約300種もの品種が揃うダイアンサス属。カーネーション以外を総称してダイアンサスと呼ぶ。四季咲き性が多く、周年観賞可能。

ナデシコ科	
草丈 10〜60cm	適地
開花期 4〜8月	耐寒性 ★★★★★
	耐暑性 ★★★★★

タツタソウ

人気の山野草。やわらかく繊細な花が咲き、花色は青紫、葉色は赤紫色の組み合わせが珍しく目を引く。花後は葉が緑葉になるのも特徴。

メギ科	
草丈 20〜30cm	適地
開花期 4〜5月	耐寒性 ★★★★★
	耐暑性 ★★★☆☆

※マット状…上に生長せず、カーペットのように横に生長する

フクジュソウ

別名ガンジツソウ。早春に咲く黄色い花は、大輪で見ごたえ十分。一重咲きのほか八重咲きや段咲きがある。

キンポウゲ科
草丈 20～30cm
開花期 2～4月
適地 ☼ ◐
耐寒性 ★★★★★
耐暑性 ★★★☆☆

ハナカンザシ'ペーパーカスケード'

カサカサとした紙のような質感の花が特徴。花びらに見える白い部分は総《そう》苞《ほう》と呼ばれ、実際の花びらは黄色い部分。

キク科
草丈 10～20cm
開花期 3～5月
適地 ☀
耐寒性 ★★☆☆☆
耐暑性 ★★☆☆☆

ミセバヤ

日本に自生する多肉植物。枝垂れる枝先にピンクの花が咲き、楕円～半球状の花序になる。葉は白い粉が吹いたような灰緑色。

ベンケイソウ科
草丈 20～30cm
開花期 10～11月
適地 ☀
耐寒性 ★★★★★
耐暑性 ★★★★★

ヒメシャガ

シャガよりも小さい、藤紫色の花が初夏の日陰を彩る。葉は先の尖った細葉で光沢はない。草丈は低いのでコンパクトにまとまる。

アヤメ科
草丈 15～30cm
開花期 5～6月
適地 ☼
耐寒性 ★★★★★
耐暑性 ★★★☆☆

ランタナ

小さな花が集まった手鞠のような愛らしい花が咲く。暑さにも負けず病害虫にも強い。生育旺盛なので剪定して管理を。

クマツヅラ科
草丈 30～200cm
開花期 5～10月
適地 ☀
耐寒性 ★★☆☆☆
耐暑性 ★★★★★

ヒメリュウキンカ'カッパーノブ'

小型のキンポウゲの仲間で、黄色い一重咲きが多い。花色はオレンジから白っぽい色へと変化する。多くの品種が流通する。

キンポウゲ科
草丈 3～20cm
開花期 3～5月
適地 ◐ ☀
耐寒性 ★★★★★
耐暑性 ★★★★☆

Plants Catalog

野趣あふれる宿根草

宿根草の魅力でもある野生味を感じさせる草花に注目。やせ地でも丈夫に育つものやナチュラルな花色や花姿のもの、素朴で愛らしい山野草などを取り入れて自然な風景を描いてみましょう。こぼれ種で自然に殖えていくような、ワイルドさも魅力です。

アガスターシェ ‘ゴールデンジュビリー’

大型のアニスヒソップで、花茎が多数立ち上がり、花穂も大きく見ごたえ十分。夏でも元気に咲き、黄金葉にも観賞価値がある。

シソ科

草丈 60～90cm

開花期 5～7月

適地 ☀

耐寒性 ★★★★★

耐暑性 ★★★★★

アキチョウジ

山野の明るい木陰に自生する。夏～秋に筒状の可憐な花が無数に咲く。茎が伸びると倒れやすいので支柱で株を管理すること。

シソ科

草丈 70～100cm

開花期 8～10月

適地 ☼ ◐ ☀

耐寒性 ★★★★★

耐暑性 ★★★★★

アヤメ

多数の茎が株立ちになり、茎の先に1～3輪の花を咲かせる。鮮やかな紫色は花壇に取り入れるとアクセントになる。

アヤメ科

草丈 30～60cm

開花期 5月

適地 ☀

耐寒性 ★★★★★

耐暑性 ★★★★★

カリガネソウ

湿り気のある林などに自生し、涼しげなブルーの花は群生させると見ごたえがある。美しさとは逆に硫黄のような異臭を放つ。

シソ科
草丈 60〜100cm
開花期 8〜10月
適地 ◐ ☀
耐寒性 ★★★★★
耐暑性 ★★★★★

オオベンケイソウ

茎の頂点に花を咲かせる多肉植物で、花色は白やピンクがある。葉はやや白っぽいものや、赤紫色、斑入りなど品種も多い。

ベンケイソウ科
草丈 25〜50cm
開花期 9〜10月
適地 ☀
耐寒性 ★★★★★
耐暑性 ★★★★★

カワラナデシコ

花弁の先が裂けている清楚で優雅な花姿で、和風の庭やナチュラルガーデンにも合う。日本の気候にも合う丈夫な性質。

ナデシコ科
草丈 30〜50cm
開花期 5〜8月
適地 ☀
耐寒性 ★★★★★
耐暑性 ★★★☆☆

オミナエシ

黄色い花が多数咲き、数本の茎がまっすぐ株立ちになる。短い地下茎を伸ばして殖える。

スイカズラ科
草丈 100〜150cm
開花期 6〜9月
適地 ☀
耐寒性 ★★☆☆☆
耐暑性 ★★★★★

キキョウ

初夏から秋にかけて星形の花を咲かせる、風情のある花。古くから日本で栽培され、青や白、ピンクなど多彩な色が揃う。

キキョウ科
草丈 15〜150cm
開花期 6〜10月
適地 ☀
耐寒性 ★★★★★
耐暑性 ★★★★★

ガウラ

穂状に咲く花は、風が吹くとまるで蝶が飛ぶような雰囲気。短命で3日ほどで散るものの、初夏から初冬まで次々に花が咲く。

アカバナ科
草丈 30〜150cm
開花期 5〜11月
適地 ◐ ☀
耐寒性 ★★★★★
耐暑性 ★★★★★

クジャクアスター

一重のほか八重咲きなど品種も多い。株元から多数の枝を立ち上げて咲くので、小輪ながらも存在感は十分。草丈が高くなるので摘心をして管理を。

キク科

- 草丈 30〜180cm
- 開花期 8〜11月
- 適地 ☀
- 耐寒性 ★★★★★
- 耐暑性 ★★★★★

キセワタ

草原や野山に自生する日本の野草で、草丈もありよく目立つ。栽培は簡単で自然味あふれるピンクや白の花を咲かせる。

シソ科

- 草丈 60〜150cm
- 開花期 7〜9月
- 適地 ◑ ☀
- 耐寒性 ★★★★★
- 耐暑性 ★★★★★

クリンソウ

山野や林などの湿った場所に自生する、日本原産の植物。ピンクや白の花が輪生状に数段つく。下葉はロゼット状※で葉柄はない。

サクラソウ科

- 草丈 30〜60cm
- 開花期 4〜6月
- 適地 ◑
- 耐寒性 ★★★★★
- 耐暑性 ★★☆☆☆

サルマ・ヘンリー

和名はタカアシサイシンと呼ばれる。ハート型の葉には細かな毛があり、黄色の3枚花弁の花が咲く。

ウマノスズクサ科

- 草丈 50〜100cm
- 開花期 4〜7月
- 適地 ◑ ☀
- 耐寒性 ★★★★★
- 耐暑性 ★★★★★

※ロゼット状…葉が放射状に広がり、地面に張りつくような状態であること

シュウメイギク

秋の風情を感じさせる花姿。花びらに見えるのは萼《がく》片で花弁は退化している。暑さにはやや弱く、涼しい地域の方が株もよく殖える。

キンポウゲ科
草丈 30～150cm
開花期 8～11月
適地 ☼ ◐ ☀
耐寒性 ★★★★★
耐暑性 ★★★☆☆

シオン

宿根アスターの仲間で、秋を代表する草花。草丈は2mを超えるものもあり、存在感を放つ。花色は咲き始めほど紫が濃い。

キク科
草丈 30～200cm
開花期 9～10月
適地 ☀
耐寒性 ★★★★★
耐暑性 ★★★★★

シレネ ブルガリス

淡いグリーンの萼は風船のようにふくらみ、愛らしい花姿。放任でも育ち、こぼれ種でもよく殖える。切り花としても人気がある。

ナデシコ科
草丈 40～60cm
開花期 5～8月
適地 ☀
耐寒性 ★★★★★
耐暑性 ★★★★★

シモバシラ

冬になると枯れた茎に霜柱ができることが名前の由来。明るい日陰でもよく育ち、初秋に白い穂状の花を咲かせる。

シソ科
草丈 60～80cm前後
開花期 9～10月
適地 ◐
耐寒性 ★★★★★
耐暑性 ★★★★★

チコリ

ヨーロッパ原産で野生種も自生しているほど強健。初夏に青い花を咲かせる。ハーブとしても人気で、花や葉、根も食用できる。

キク科
草丈 60～150cm
開花期 6～8月
適地 ◐ ☀
耐寒性 ★★★★★
耐暑性 ★★☆☆☆

ジャコウソウ

木陰などに自生し、ピンクの花は茶花にもおすすめ。半日陰～日陰で管理し、日なたでは葉焼けするので注意する。

シソ科
草丈 50～100cm
開花期 8～9月
適地 ☼ ◐
耐寒性 ★★★★★
耐暑性 ★★★☆☆

プルモナリア

霜や凍結にも強く、早春から咲き始める。白いスポットの入る葉を大きく展開し、葉色は斑入り葉やシルバーリーフまでさまざま。

ムラサキ科
草丈 10〜40cm
開花期 2〜5月
適地 ☼ ◐
耐寒性 ★★★★★
耐暑性 ★★★☆☆

チョウジソウ

花茎を真っ直ぐ伸ばし、凛とした姿が美しい。淡いブルーの星型の花をたくさん咲かせ、丈夫でよく殖える。

キョウチクトウ科
草丈 30〜70cm
開花期 4〜5月
適地 ◐ ☀
耐寒性 ★★★★★
耐暑性 ★★★★★

ベロニカ ゲンチアノイデス

ベロニカの中でも強健で育てやすい品種。マット状に広がり、清涼感のある淡いブルーの花が、長い穂状に咲く。

オオバコ科
草丈 30〜60cm
開花期 4〜6月
適地 ☀
耐寒性 ★★★★★
耐暑性 ★★★★★

ヒナマツリソウ

春一番に花を咲かせる、白花で一重咲きの山野草。セツブンソウよりもひと回り大きな花は丸みを帯びて、花弁は黄緑色の筒状。夏は日陰で管理する。

キンポウゲ科
草丈 3〜5cm
開花期 2〜3月
適地 ☼ ◐
耐寒性 ★★★★★
耐暑性 ★★★☆☆

ホタルブクロ'ピンクオクトパス'

ピンクの細い花弁がタコの足を思わせるユニークな花形。丈夫で育てやすく、地下茎を伸ばして殖え、1〜2年で大株になる。

キキョウ科
草丈 40〜60cm
開花期 6〜7月
適地 ◐ ☀
耐寒性 ★★★★★
耐暑性 ★★★★★

フジバカマ

万葉の時代から親しまれてきた植物。茎の先端に小花を房状に咲かせる。地下茎が広がるので植栽する場所には注意を。

キク科
草丈 60〜120cm
開花期 8〜9月
適地 ☀
耐寒性 ★★★★★
耐暑性 ★★★★★

ミヤマシャジン

高山の岩場や砂礫地《されきち》※に自生するヒメシャジンの変種で、個体差も多く見られる。高温多湿に弱いので、軽石と鹿沼土の混合用土で育てるとよい。

キキョウ科
草丈 10〜20cm
開花期 7〜8月
適地 ◐ ☀
耐寒性 ★★★★★
耐暑性 ★★★☆☆

ホトトギス

紫色の斑点のある花が特徴で、まっすぐに伸びる茎の先に1〜3輪の花を上向きに咲かせる。鉢植えにも向き、日陰でも育つ。

ユリ科
草丈 30〜100cm
開花期 9〜10月
適地 ◐
耐寒性 ★★★★★
耐暑性 ★★★☆☆

ミュウレンベルギア カピラリス

赤紫の穂がたくさん上がるとスモーク状になるグラスで、大株に育つとより幻想的で美しい。常緑の葉はカラーリーフとしても。

イネ科
草丈 50〜100cm
開花期 9〜11月
適地 ◐ ☀
耐寒性 ★★★☆☆
耐暑性 ★★★★★

マーシャリア グランディフロラ

ヤグルマギクに似た淡いピンクの花が咲き、赤い蕾も愛らしい。生育はゆっくりで繁殖力はあまり強くない。

キク科
草丈 40〜60cm
開花期 5〜6月
適地 ◐ ☀
耐寒性 ★★★★★
耐暑性 ★★☆☆☆

リンドウ

上品で趣のある姿が魅力の山野草。ササに似た細葉をつけ、秋が過ぎると青紫の筒状の花を数輪ずつ咲かせる。

リンドウ科
草丈 30〜50cm
開花期 9〜10月
適地 ◐ ☀
耐寒性 ★★★★★
耐暑性 ★★★☆☆

ミツバシモツケ

よく分枝する花茎の先に、星型の花を咲かせる。すくっと立ち上がる草姿で乱れずにまとまる。花後も葉が残り、秋の紅葉も楽しめる。

バラ科
草丈 20〜100cm
開花期 5〜6月
適地 ◐ ☀
耐寒性 ★★★★★
耐暑性 ★★★★★

※砂礫地…小さな石や砂地となっている箇所

Plants Catalog

日陰に強い宿根草

宿根草の中には日陰を好むものもあり、しっとりと落ち着きのある雰囲気が魅力。樹木の下やフェンスの下など、暗くなりがちな場所を明るく彩ることができます。

アスチルボイデス

インパクトの強い大型植物。白いアスチルベのような花穂を咲かせ、フキに似た丸い傘状の大きな葉をつける。

ユキノシタ科

草丈 80～120cm

開花期 5～7月

適地 ◐

耐寒性 ★★★★★

耐暑性 ★★★★☆

イカリソウ

細い茎と船のイカリのような個性的な花弁が特徴。落葉樹の下などに自生する。乾燥を嫌うので、夏以降は半日陰になる場所がよい。

メギ科

草丈 20～50cm

開花期 4～5月

適地 ◐

耐寒性 ★★★★★

耐暑性 ★★★★★

イチリンソウ

もともとは野山に生える春植物。白い花に見えるのは萼で花弁はない。晩春から葉が枯れ始めて初夏には地上部がなくなる。

キンポウゲ科

草丈 10～20cm

開花期 4～5月

適地 ☼

耐寒性 ★★★★★

耐暑性 ★★★☆☆

サラシナショウマ

夏～秋に白い穂状の花を咲かせる。150cmほどの高さになる大型の植物で、草丈がある分、見映えする。根は這うように横に伸びる。

キンポウゲ科

草丈 100～150cm

開花期 9～10月

適地 ☼ ◐

耐寒性 ★★★★★

耐暑性 ★★★★☆

オモト

葉がねじれていたり、シワや斑が入ったりとバラエティ豊かな品種が揃う。一年を通して青々としている日本原産の植物。

キジカクシ科（クサスギカズラ科）

草丈 3～50cm

開花期 11～1月（実を観賞）

適地 ☼ ◐ ●

耐寒性 ★★★★★

耐暑性 ★★★★★

シュウカイドウ

バラ科のカイドウに似た花が名前の由来。屋外で冬越しできるベゴニアの仲間。乾燥が苦手で湿気の多い場所ではよく育つ。

シュウカイドウ科

草丈 40～80cm

開花期 7～10月

適地 ☼ ◐

耐寒性 ★★★★★

耐暑性 ★★★★★

キバナアキギリ

キリに似た形の淡い黄色い花を晩夏から秋に咲かせる。やや湿った場所を好み、地下茎は短かいものの横へ広がって伸びる。

シソ科

草丈 ～40cm

開花期 8～10月

適地 ◐ ●

耐寒性 ★★★★★

耐暑性 ★★★☆☆

シラユキゲシ

ツワブキに似たハート型の葉で、すっと伸びる花茎の先に、白色の清楚な花が咲く。日陰に強く放任しておいてもよく育つ。

ケシ科

草丈 30～50cm

開花期 3～5月

適地 ☼ ◐

耐寒性 ★★★★☆

耐暑性 ★★★★★

コリダリス‘チャイナブルー’

エンゴサクの仲間で最も流通している品種。開花期が長く、ほぼ常緑。大株になると淡いブルーの花がびっしりと咲き揃う。

ケシ科

草丈 20～30cm

開花期 4～6月

適地 ◐

耐寒性 ★★★★★

耐暑性 ★★★☆☆

センニンソウ

芳香のある白花を咲かせる、日本原産のクレマチス。丈夫で生育も早いため、アーチやフェンスへ誘引すると見ごたえがある。

キンポウゲ科
草丈 最大8m前後（ツル性）
開花期 8〜9月
適地 ◐ ☀
耐寒性 ★★★★★
耐暑性 ★★★★★

シラン

丈夫で育てやすく、ラン栽培の入門におすすめ。上部に3〜7個ほどの花が総状花序に咲く。鉢植えでも庭植えでも楽しめる。

ラン科
草丈 30〜60cm
開花期 5〜6月
適地 ☼ ◐ ☀
耐寒性 ★★★★☆
耐暑性 ★★★★★

ドワーフコンフリー

茎の先に細長い釣鐘のような形の花がつき、ブルーから白色の清楚な花を咲かせる。株が込み合ってきたら株分けをする。

ムラサキ科
草丈 25〜50cm
開花期 5〜7月
適地 ◐ ☀
耐寒性 ★★★★★
耐暑性 ★★★★★

スズカケソウ

葉のつけ根に紫色をした筒状の花を咲かせる。茎はややつる状に伸びて、葉の縁取りはギザギザしている。

ゴマノハグサ科
草丈 100〜150cm（横に伸びる）
開花期 7〜8月
適地 ☼ ◐
耐寒性 ★★★★★
耐暑性 ★★★☆☆

斑入りシャガ

日陰でも育つ常緑多年草。長い地下茎の先に芽を作って殖え、群生しやすい。白地に青い斑の入った花が咲く。

アヤメ科
草丈 30〜50cm
開花期 4〜5月
適地 ☼ ◐
耐寒性 ★★★☆☆
耐暑性 ★★★★★

セイヨウオダマキ

多数の園芸品種が揃う。ヨーロッパ原産のブルガリスといった交配種のほか、北米産の大輪種などバラエティ豊富。

キンポウゲ科
草丈 30〜50cm
開花期 5〜6月
適地 ◐
耐寒性 ★★★★★
耐暑性 ★★★☆☆

ミヤコワスレ

明るい半日陰でも育ち、植えたままでも毎年よく花が咲く。花色は紫だけでなくピンクや白、淡青などがある。

キク科

草丈 20～30cm

開花期 4～6月

適地 ◐

耐寒性 ★★★★★

耐暑性 ★★☆☆☆

斑入りドクダミ（八重）

白い花弁に見えるのは花ではなく苞《ほう》で、花に付随した葉が変形したもの。八重咲きは観賞用ドクダミとして流通している。

ドクダミ科

草丈 20～40cm

開花期 5～6月

適地 ☼ ◐ ☀

耐寒性 ★★★★★

耐暑性 ★★★★★

モンティア シビリカ

星型の小花で、白に薄いピンクの入る花びらが美しい。手間いらずで初心者でも育てやすい。

スベリヒユ科

草丈 10～30cm

開花期 5～6月

適地 ◐ ☀

耐寒性 ★★★★★

耐暑性 ★★☆☆☆

フウチソウ

多数の茎が株立ちになって垂れ下がり、つけ根でねじれて表裏が逆になる細葉をつける。葉色のバリエーションは豊富。

イネ科

草丈 20～30cm

開花期 ―

適地 ◐ ☀

耐寒性 ★★★★★

耐暑性 ★★★★★

ユキノシタ

楚々とした印象の花で、株はロゼット型で這うように伸びる。常緑で樹木や背の高い草花の下草としても重宝する。

ユキノシタ科

草丈 5～20cm

開花期 5～7月

適地 ☼ ◐

耐寒性 ★★★★★

耐暑性 ★★★☆☆

ヘレボラス（クリスマスローズ）

強健で育てやすく、花色、花形は豊富。ガーデン・ハイブリットのほか、近年は開花時季の早いニューハイブリットも人気。

キンポウゲ科

草丈 10～50cm

開花期 1～3月

適地 ☼ ◐

耐寒性 ★★★★★

耐暑性 ★★★☆☆

イオノプシジウム

別名ヒメムラサキハナナ。スミレに似た薄紫色の花が次々に咲く。コンパクトな草姿で扱いやすく、枝分かれをしてこんもりと育つ。

アブラナ科		適地	☼ ◐ ●
草丈	5〜10cm	耐寒性	★★★★★
開花期	3〜6月	耐暑性	★☆☆☆☆

インパチェンス

一重〜八重咲きまであり、ボリュームのあるバラ咲きは特に人気。日当たりの悪い場所でも育つので、シェードガーデンでも活躍する。

ツリフネソウ科		適地	☼ ◐
草丈	15〜40cm	耐寒性	★☆☆☆☆
開花期	5〜11月	耐暑性	★★★★☆

コスモス

初夏〜秋に咲く花で性質は丈夫。日当たり、風通しのよい場所であれば土壌を選ばずよく育つ。ピンクや白、オレンジなど花色も豊富。

キク科		適地	☼
草丈	50〜120cm	耐寒性	★☆☆☆☆
開花期	6〜11月	耐暑性	★★★★☆

Plants Catalog

宿根草の間を埋める一年草

宿根草は花後に葉だけが残り、冬には地上部からなくなってしまうものがほとんど。また生長もゆっくりで、大株になるまで時間がかかってしまうものもあります。ぽっかりとあいてしまった場所には、部分的に一年草を取り入れてボリュームを出したり、開花リレーの繋ぎに使ったりしてみるのがおすすめです。華やかな花や葉を楽しめる一年草を組み合わせて、花壇を彩ってみましょう。

ヒメフウロ

ゲラニウムの仲間で匍匐性《ほふくせい》があり、茎を伸ばしながらピンクの花を咲かせる。グラウンドカバーにも向く。種で殖える。

フロウソウ科
草丈 約40cm
開花期 5～7月
適地 ☀
耐寒性 ★★★★★
耐暑性 ★★☆☆☆

センニチコウ

ムラサキやピンク、白など色とりどりの苞に観賞価値がある。暑さ、乾燥に強いので夏越しをして長期間楽しめる。切り花にも重宝。

ヒユ科
草丈 15～70cm
開花期 5～11月
適地 ☀
耐寒性 ★☆☆☆☆
耐暑性 ★★★★★

ファセリア

鐘形の濃いブルーの花が特徴。茎は赤みを帯びており、根元から分枝して横に広がる。日当たり、水はけのよい場所を好み、水やりはやや乾燥ぎみに管理する。

ハゼリソウ科
草丈 15～30cm
開花期 5～7月　適地 ☀
耐寒性 ★★☆☆☆
耐暑性 ★☆☆☆☆

トリフォニウム'バニーズ'

クローバーの一種。草姿はやや立ち上がり、ふんわりとドーム状に。やわらかくふわふわとした穂が愛らしく、こぼれ種でもよく殖える。

マメ科
草丈 30～50cm
開花期 4～6月
適地 ◐ ☀
耐寒性 ★★★★★
耐暑性 ★★★★☆

ボリジ

星型の花がうつむくように咲き、白い毛に覆われた葉茎が特徴。咲き始めはピンクで次第にブルーへ変化。エディブルフラワーにも。

ムラサキ科
草丈 30～100cm
開花期 4～7月
適地 ☀
耐寒性 ★★★★★
耐暑性 ★★☆☆☆

バージニアストック

ストックを小型にしたような姿で枝を複数伸ばし、小花を密集させる。生長が早く、春の花壇や寄せ植えに重宝する。

アブラナ科
草丈 20～40cm
開花期 4～5月
適地 ☀
耐寒性 ★★★★★
耐暑性 ★☆☆☆☆

イブキジャコウソウ

ハーブとして人気のタイムに近い種類。細い枝が広がり、初夏にはピンクの小花を地際に咲かせる。白花や斑入り種も人気。

シソ科

草丈 3～10cm

開花期 5～7月

適地 ☀

耐寒性 ★★★★★

耐暑性 ★★★☆☆

コガネグルマ

丈夫で育てやすく、明るい黄色の花色が美しい。コンパクトな草丈で横に広がるため、花壇の手前や寄せ植えにも向く。

キク科

草丈 20～30cm

開花期 5～7月

適地 ◐ ☀

耐寒性 ★★★★★

耐暑性 ★★★★★

ジュウニヒトエ

日本に自生する品種で、アジュガの仲間。匍匐性でマット状に広がる。日陰でもよく育つが乾燥には弱いので、直射日光は避けること。

シソ科

草丈 10～30cm

開花期 4～6月

適地 ☼ ◐

耐寒性 ★★★★★

耐暑性 ★★☆☆☆

Plants Catalog

地面を覆うグラウンドカバー

グラウンドカバーとは、地面を覆うように広がる性質をもつ植物のこと。取り入れることで雑草の根張りが弱くなり、生育を抑制するので、雑草抜きなどのメンテナンスも楽になります。また泥はねやホコリの飛散も抑えたり、病害虫を軽減させたりなど、植物にとってもメリットがいっぱいです。ただし繁殖力が強すぎるものは注意。上手にコントロールできるものを選ぶようにしましょう。

ヒルザキツキミソウ

花形はやや角張った広釣鐘型で、淡いピンクの花が咲く。草丈は高くならずコンパクトにまとまる。やせ地でもよく育ち、殖えて広がる。

アカバナ科
草丈 30〜45cm
開花期 5〜7月
適地 ☀
耐寒性 ★★★★★
耐暑性 ★★★★★

パイナップルミント

明るい斑入りの葉で、甘いパイナップルのような香りが名前の由来。繁殖力が強いが、直射日光に当たると葉焼けするので注意。

シソ科
草丈 20〜40cm
開花期 6〜9月
適地 ◐ ☀
耐寒性 ★★★★★
耐暑性 ★★★★★

ユーフォルビア キパリッシアス

別名マツバトウダイ。茎の先端に多数の花序をつくり黄色の花を咲かせる。地下茎を伸ばしてマット状に広がり、放任でもよく育つ。

トウダイグサ科
草丈 15〜50 cm
開花期 4〜7月
適地 ☀
耐寒性 ★★★★★
耐暑性 ★★★★★

ヒメイワダレソウ

各節から根を出して、カーペットのように広がり多少の踏みつけにも耐えるほど丈夫。寒冷地以外では常緑を保つ場合もある。

クマツヅラ科
草丈 5〜10cm
開花期 4〜11月
適地 ☀
耐寒性 ★★★★★
耐暑性 ★★★★★

リンデルニア

別名ヒトミソウ。ブルーの可憐な花をマット状に咲かせる。生育旺盛で春〜秋まで周年楽しめ、関東以南であれば常緑で越冬する。

コマノハグサ科
草丈 5〜15cm
開花期 5〜11月
適地 ◐ ☀
耐寒性 ★★★★☆
耐暑性 ★★★★★

ヒメツルニチニチソウ

常緑性で、長いつるが地面を這うように伸びる。日なたから日陰までよく育ち、葉に斑の入る品種も人気。葉は周年観賞できる。

キョウチクトウ科
草丈 約20cm
開花期 3〜6月
適地 ☼ ◐ ☀
耐寒性 ★★★★★
耐暑性 ★★★★★

Plants Catalog

個性的な色を添えるカラーリーフ

カラーリーフとは、さまざまなカラーや斑入り種などといった美しい葉色を持つ植物のこと。花だけではなく葉にも観賞価値があり、管理が楽なことも魅力です。グラウンドカバーや紅葉する落葉樹などもカラーリーフとして含まれます。寂しくなってきた秋冬の花壇や寄せ植えのアクセントに取り入れてみましょう。

アルテルナンテラ

日なたから明るい日陰までに適応して育てやすい。日陰では葉色が薄くなるもののほぼ周年観賞できる。

ヒユ科

草丈 10〜100cm

開花期 10〜11月

適地 ☼ ◐ ●

耐寒性 ★☆☆☆☆

耐暑性 ★★★★★

イトススキ

葉が糸のように細いことが名前の由来。草丈は低く、通常のススキよりも小型でコンパクトにまとまるので鉢植えにもおすすめ。

イネ科

草丈 60〜120cm

開花期 8〜9月

適地 ●

耐寒性 ★★★★★

耐暑性 ★★★★★

エスペレティア

美しいシルバーリーフで、ラムズイヤーにも似た雰囲気。高温多湿の日本では夏越しできないことも多く、一年草扱いになることも。

キク科

草丈 20〜50cm

観賞期 周年

適地 ●

耐寒性 ★★★★★

耐暑性 ★☆☆☆☆

ニシキシダ

イヌワラビの園芸品種で、葉にシルバーや赤みを帯びた模様が入るものが多い。個性的なガーデンのアクセントに最適。

イワデンダ科
草丈 50～70cm
観賞期 夏緑性
適地 ☼ ◐
耐寒性 ★★★★★
耐暑性 ★★★★★

オキザリス チューベローサ

カタバミの仲間。ロゼット状に広がるものから低木状のもの、球根を持つものなどさまざまな形状がある。

カタバミ科 **草丈** 5～30cm
開花期 品種により秋咲き、冬咲き、春咲き、四季咲きがある
適地 ☀
耐寒性 （品種による）
耐暑性 （品種による）

ハンゲショウ

池の中でも育ち、水陸両用。開花すると花穂のすぐ下にある葉が白くなり、花後にはまた葉が緑に戻る珍しい植物。日なた～半日陰で管理するとよい。

ドクダミ科
草丈 50～100cm
開花期 7～8月
適地 ◐ ☀
耐寒性 ★★★★★
耐暑性 ★★★★★

カレックス'エベレスト'

風に揺れる細葉には、ホワイトのストライプが入っていて美しい。常緑性で丈夫なのでグラウンドカバーに使ってもよい。

カヤツリグサ科
草丈 20～30cm
観賞期 周年
適地 ◐ ☀
耐寒性 ★★★★★
耐暑性 ★★★★★

パンパスグラス

ダイナミックな花穂が人気で、3mほどに生長する大型のグラス。ドライフラワーにもよく使われる。ノコギリ状の葉には注意を。

イネ科
草丈 100～300cm
開花期 9～10月
適地 ☀
耐寒性 ★★★★☆
耐暑性 ★★★★★

クジャクシダ

古くから日本に広く自生するポピュラーなシダで、羽のように葉が広がる。新芽は赤みを帯びて一層美しい。

ホウライシダ科
草丈 30～40cm
観賞期 夏緑性※
適地 ☼ ◐
耐寒性 ★★★★★
耐暑性 ★★★★★

※夏緑性…冬期は葉が枯れて休眠する

斑入りミョウガ

白い覆輪斑(ふくりんふ)の入る涼しげな葉に観賞価値がある。日陰でもよく育ち、手間がかからないので初心者でも簡単に育てられる。

ショウガ科	適地 ☼ ◑ ●
草丈 40〜100cm	耐寒性 ★★★★☆
開花期 7〜10月	耐暑性 ★★★★★

ヒューケラ

スノーエンジェル

バラエティー豊かな葉色が揃い、植栽のアクセントに重宝する。コンパクトな草姿なうえ、常緑で扱いやすい。日陰でもよく育つ。

ユキノシタ科	適地 ☼ ◑
草丈 20〜80cm	耐寒性 ★★★★☆
開花期 5〜7月	耐暑性 ★★★☆☆

斑入りヤツデ

日本原産の常緑低木で、こちらは白い斑がランダムに入る斑入り種。深い切れ込みのある独特な葉形で日陰の庭を明るく彩る。

ウコギ科	適地 ☼ ◑
草丈 200〜300cm	耐寒性 ★★★★☆
開花期 11〜12月	耐暑性 ★★★★★

斑入りサカキ

クリーム色っぽい斑入りの葉は丈夫で日陰にも強く、シェードガーデンで活躍する。小枝もよく伸びて樹形は細い円錐形に整う。

サカキ科	適地 ☼ ◑
草丈 200〜300cm	耐寒性 ★★★★☆
観賞期 周年	耐暑性 ★★★★★

ベアグラス

光沢のある葉の中央にクリーム色の斑が入る、比較的小型の常緑種。非常に丈夫で日当たり、日陰に強く、冬でも葉色を楽しめる。

カヤツリグサ科	適地 ☼ ◑ ●
草丈 20〜120cm	耐寒性 ★★★★★
観賞期 周年	耐暑性 ★★★★★

斑入りミズキヒソウ

秋らしい風情が漂う。半日陰でも育つ明るい斑入りの葉はシェードガーデンにもおすすめ。細い花穂に小花が連なる姿も愛らしい。

タデ科	適地 ◑
草丈 30〜80cm	耐寒性 ★★★★★
開花期 8〜10月	耐暑性 ★★★★★

ラムズイヤー

白い毛で覆われた、やわらかい手触りの葉が特徴。高温多湿に弱いものの環境さえ合えばマット状に広がって育つ。

シソ科
草丈 30〜80cm
開花期 5〜7月
適地 ◐ ●
耐寒性 ★★★★★
耐暑性 ★★☆☆☆

ペルシカリア‘シルバードラゴン’

花よりもシルバーの葉に観賞価値があり、ガーデンのアクセントに最適。茎は赤黒く、晩春〜秋まで茎の先に白い小花を咲かせる。

タデ科
草丈 30〜200cm
開花期 5〜11月
適地 ☼ ◐ ●
耐寒性 ★★★★★
耐暑性 ★★★★★

レモンバーム

耐寒性が強く、半日陰〜日陰でも育てられる初心者向きのハーブ。レモンに似た爽やかな香りで、初夏には小花が咲く。こぼれ種で殖える。

シソ科
草丈 30〜60cm
開花期 6〜7月
適地 ☼ ◐
耐寒性 ★★★★★
耐暑性 ★★★★☆

ホウライチク

花材として生花にも利用しやすい植物。強健で乾燥にも強く、株立状になるので、地下茎が広がらず管理しやすい。初夏に白い小花が咲く。

キジカクシ科
草丈 40〜80cm
開花期 初夏
適地 ●
耐寒性 ★★★★★
耐暑性 ★★★★★

ワイルドオーツ

真っ直ぐに伸びる美しい草姿に、小判のようなユニークな形の花穂を下垂させる。株姿もよく非常に丈夫なグラス。

イネ科
草丈 100cm前後
開花期 3〜5月
適地 ☼ ◐ ●
耐寒性 ★★★★★
耐暑性 ★★★★★

ホソノゲムギ‘リスノシッポ’

茎先にたくさんの花序をつけ、アーチ状に伸ばす。まるでキツネやリスのシッポのような花穂で、リースやオーナメントの花材としても人気。

イネ科
草丈 20〜50cm
開花期 5〜8月
適地 ●
耐寒性 ★★★★★
耐暑性 ★★★☆☆

アネモネ パボニナ

花びらに見えるのは萼片で、カラフルな花色や八重咲きなど種類も豊富。耐寒性、耐暑性に優れており地植えでも育てやすい。

キンポウゲ科

草丈 20～30cm

開花期 3～5月

適地 ☀

耐寒性 ★★★★★

耐暑性 ★★★★★

アリウム モーリー

鮮やかな黄色が目を引く、草丈の低い小型種。1茎に多数の星形の花を咲かせる。とても丈夫で植えっぱなしでもよく殖える。

ユリ

草丈 20～30cm

開花期 5～6月

適地 ☀

耐寒性 ★★★★★

耐暑性 ★★★★☆

クロッカス

早春の庭を彩り、小さいながらも存在感抜群な球根植物。耐寒性があり、球根は毎年更新される。

アヤメ科

草丈 5～10cm

開花期 2～3月、11月

適地 ☀

耐寒性 ★★★★★

耐暑性 ★★★★★

Plants Catalog

宿根草に合う球根植物

花数が少ない早春の庭や、秋の庭を球根植物で彩ってみましょう。球根植物が咲き揃ううちに、宿根草も徐々に咲き出すので、上手にリレーさせれば庭は華やかに仕上がります。

ツルボ

日本全土に分布し、やせた土壌でもよく育つほど強健。下からピンクの花を順に咲かせ、花穂を伸ばす。熟すと黒い種が落ちる。

キジカクシ科

草丈 20〜40cm

開花期 8〜9月

適地

耐寒性 ★★★★★

耐暑性 ★★★★★

ヒアシンス

小さな花がぎっしりとつく姿が特徴。耐寒性が強く、積雪の多い地域でも地植えで育てられる。梅雨前に掘り上げて乾燥貯蔵を。

キジカクシ科（※ヒアシンス科、ユリ科に分類される場合もあります）

草丈 約20cm

開花期 3〜4月　適地

耐寒性 ★★★★★

耐暑性 ★★★★★

ムスカリ

ブドウの房にように密集して咲く姿が愛らしい。植えっぱなしでも毎年よく咲き、グラウンドカバーとしても利用できる。

キジカクシ科（※ヒアシンス科、ユリ科に分類される場合もあります）

草丈 10〜30cm

開花期 3〜5月　適地

耐寒性 ★★★★★

耐暑性 ★★★★★

ゲイソリザ

南アフリカに自生する球根植物で、細長い茎の先に色鮮やかな花を数輪咲かせる。丈夫な性質で庭植えも可能。

アヤメ科

草丈 10〜30cm

開花期 3〜4月

適地

耐寒性 ★★☆☆☆

耐暑性 ★★★★★

コルチカム‘ウォーターリリー’

華やかな八重咲きで、地植えや鉢植えはもちろん、土がなくても球根を置いておくだけでも花芽を出す。一重咲きよりは殖えにくい。

イヌサフラン科

草丈 5〜30cm

開花期 9〜10月

適地

耐寒性 ★★★★★

耐暑性 ★★★★★

スノードロップ

白い花を下向きに可憐な花を咲かせる。国内で流通するG・エルウェシー種は比較的暑さにも強く、育てやすいのでおすすめ。

ヒガンバナ科

草丈 5〜15cm

開花期 2〜3月

適地

耐寒性 ★★★★★

耐暑性 ★★★☆☆

Plants Catalog

注目のガーデンシュラブ

樹木を植えるとなると、それなりのスペースが必要ですが、なかなかそこまでの場所が取れない場合には、シュラブ（低木）がおすすめです。花だけなく葉にも観賞価値があり、草花に合わせやすいものを集めました。

ギンバイカ

5～6月に香りのある白い花を枝先に咲かせる。乾燥や暑さに強く、病害虫の被害も少ないので、生垣などにも向く。

フトモモ科

樹高 1～3m

開花期 5～6月

適地 ◐ ☀

耐寒性 ★★☆☆☆

耐暑性 ★★★★★

サルスベリ

フリル状のピンクの花が、夏から秋にかけて次々に開花する。幹はつるつるとしていて、屈曲して斜行することも多い。

ミソハギ科

樹高 2～10m

開花期 7～10月

適地 ☀

耐寒性 ★★★★★

耐暑性 ★★★★★

スノーサンゴ

フユサンゴの斑入り種。白い斑の入る葉はカラーリーフとしても人気。冬には赤い実がつき観賞できるが毒性があるので注意。

ナス科

樹高 約20cm

開花期 4～9月（実を観賞）

適地 ◐ ☀

耐寒性 ★★★★☆

耐暑性 ★★★★★

ブッドレア

花色は紫や白色で、長い円錐形の花穂が特徴的。甘く香り、蝶が集まるので「バタフライブッシュ」とも呼ばれる。品種により性質が弱いものもある。

ゴマノハグサ科

樹高 2～3m
開花期 5～10月　**適地** ☀
耐寒性 ★★★★★
耐暑性 ★★★★★

スモークツリー

初夏に小花をたくさんつけ、花後は花柄がふわふわと伸びて煙がくすぶっているように見える花木。秋の紅葉も美しい。

ウルシ科

樹高 3～4m
開花期 6～8月
適地 ☀
耐寒性 ★★★★★
耐暑性 ★★★★★

リュウキュウアセビ

すずらんのような花が房状に咲く。葉は細い照葉で、自然樹形でまとまり扱いやすい。花穂は枝垂れず斜上して葉の上に咲く。

ツツジ科　**適地** ☼ ◐ ☀
樹高 0.5～2.5m　**耐寒性** ★★★★★
開花期 2～4月　**耐暑性** ★★★★★

ノリウツギ'ライムライト'

尖った円錐形の花序を持つアジサイの仲間。アジサイよりも開花期が遅く、花が少なくなってきた夏の庭に重宝する。

アジサイ科　**適地** ◐ ☀
樹高 2～3m　**耐寒性** ★★★★★
開花期 7～9月　**耐暑性** ★★★★★

ルリマツリ

涼しげなブルーと白の花色で、初夏から晩秋まで次々に開花する。半つる性で背が高くなると枝先は枝垂れる。別名プルンバゴ。

イソマツ科

樹高 0.3～3m
開花期 5～11月
適地 ☀
耐寒性 ★★★☆☆
耐暑性 ★★★★★

ハクロニシキ

イヌコリヤナギの園芸品種。白い斑入りの葉には淡いピンクが混じり、初夏には花が咲いたような美しさに。樹形は株立状になる。

ヤナギ科

樹高 1～3m
開花期 ー
適地 ◐ ☀
耐寒性 ★★★★★
耐暑性 ★★★★★

品種カタログ索引

植物監修　**小黒晃**（おぐろ・あきら）

千葉大学園芸学部園芸学科卒業。長年苗の生産や栽培、管理に携わり、現在、一般社団法人 ジャパン・ガーデナーズ・ネットワークに在籍。園芸雑誌の監修や著書も多数。

特別協力　**達家彰子**（カモミールポット）
斉藤よし江（グリーン ローズ ガーデン）

写真協力　**小黒晃**

編集協力
早川亜紀子
（株式会社 ライフイーエックス）

デザイン
平井絵梨香
（株式会社 ライフイーエックス）

撮影
畔柳純子

編集担当
遠藤やよい
（ナツメ出版企画株式会社）

がんばらなくても楽《たの》しめる
丈《じょう》夫《ぶ》で美《うつく》しい宿《しゅっ》根《こん》草《そう》の庭《にわ》づくり

2025年3月7日　初版発行

植物監修　小《お》黒《ぐろ》晃《あきら》　Oguro Akira,2025

発行者　田村正隆

発行所　株式会社ナツメ社
東京都千代田区神田神保町1-52　ナツメ社ビル1F（〒101-0051）
電話 03-3291-1257（代表）　FAX 03-3291-5761
振替 00130-1-58661

制　作　ナツメ出版企画株式会社
東京都千代田区神田神保町1-52　ナツメ社ビル3F（〒101-0051）
電話 03-3295-3921（代表）

印刷所　TOPPANクロレ株式会社

ISBN978-4-8163-7678-8　Printed in Japan
〈定価はカバーに表示してあります〉〈乱丁・落丁本はお取り替えします〉

本書に関するお問い合わせは、書名・発行日・該当ページを明記の上、下記のいずれかの方法にてお送りください。電話でのお問い合わせはお受けしておりません。

- ●ナツメ社webサイトの問い合わせフォーム
  https://www.natsume.co.jp/contact
- ●FAX（03-3291-1305）
- ●郵送（左記、ナツメ出版企画株式会社宛て）

なお、回答までに日にちをいただく場合があります。正誤のお問い合わせ以外の書籍内容に関する解説・個別の相談は行っておりません。あらかじめご了承ください。